HISTOIRE

DE LA

GUERRE D'ITALIE

PAR

M. L'ABBÉ MULLOIS

PREMIER CHAPELAIN DE L'EMPEREUR

IIᵉ Série.

Napoléon et son état-major.

PARIS

A. JOSSE, LIBRAIRE-ÉDITEUR

5, RUE CASSETTE, 5.

Bureaux de la *Gazette des Campagnes.*

1859

AU PEUPLE ET A L'ARMÉE.

HISTOIRE POPULAIRE DE LA GUERRE D'ITALIE

DEUXIÈME SÉRIE.

CHAPITRE IER.

Suite de la bataille de Magenta.

Pour mieux mettre le lecteur au courant, nous allons donner dans leur integrité les rapports des chefs de corps.

Rapport du général commandant en chef la garde impériale.

« Au pont de San Martino, le 5 juin 1859.

» Sire,

» D'après les ordres de Votre Majesté, la 2ᵉ brigade de grenadiers de la garde, sous le commandement du gé-néral Wimpffen, est partie de Trecate le 4 juin à huit heures du matin, pour aller occuper la tête du pont San Martino, qui se trouvait évacuée par les Autrichiens. Ceux-ci, en opérant leur retraite la veille, avaient tenté de faire sauter le pont du Tessin; mais cette opération avait mal réussi; et, bien que deux arches fussent fortement endommagées, elles étaient cependant encore praticables aux fantassins et même à l'artillerie en faisant quelques réparations.

II.

1

» Les grenadiers traversèrent le pont et allèrent reconnaître la rive opposée, sur laquelle l'ennemi ne montrait que peu de forces.

» A dix heures du matin, la brigade du général Cler, deux escadrons de chasseurs à cheval de la garde, sous les ordres du général Cassaignolles, trois batteries d'artillerie à pied et deux batteries d'artillerie à cheval, se mirent en marche de Trecate pour se rendre à la tête du pont de San Martino, où les troupes arrivèrent à onze heures et demie.

» A ce moment il y eut quelques coups de canon et de fusil échangés entre les Autrichiens et deux bataillons du général Wimpffen, appuyés par une section d'artillerie à pied. Les tirailleurs autrichiens et quelques pièces qu'ils avaient montrées furent rejetés au delà du pont du Naviglio. Vers une heure de l'après-midi, j'ordonnai de cesser ce combat sans objet, et il n'y eut plus que de rares coups de fusil échangés entre nos grenadiers, qui s'étaient rapprochés du pont de San Martino, et les tirailleurs ennemis, qui avaient réoccupé leurs anciennes positions en avant du pont du Naviglio.

» A une heure et demie, Votre Majesté entendit la canonnade engagée vers la droite de la position de l'ennemi, et en conclut que le corps d'armée du général de Mac-Mahon et la division de voltigeurs de la garde aux ordres du général Camou avaient exécuté leur mouvement tournant.

» Laisser ce corps d'armée seul aux prises avec toutes les forces ennemies eût pu rendre plus difficile ou même indécis le résultat de l'attaque si bien combinée du général de Mac-Mahon. Afin de diviser l'attention et les forces de l'ennemi, Votre Majesté, connaissant la prochaine arrivée des corps du général Niel et du maréchal Canrobert, ordonna à la division de grenadiers de la garde, forte de moins de 5,000 hommes, d'attaquer de front la position de l'ennemi.

» Cette position forme un vaste demi-cercle de collines appuyant sa droite au village de Buffalora, son centre à Magenta et sa gauche à Rebecco. Toute cette ligne est couverte par un canal large et profond, le Naviglio-Grande, coulant à mi-côté entre deux digues fort escarpées, et franchissables seulement sur trois ponts vis-à-vis les trois villages. En avant et en arrière du pont de Magenta se trouvent quatre grandes maisons de granit (les bâtiments de la station et de la douane); ces maisons, occupées par l'ennemi, défendaient l'approche du canal et empêchaient ensuite de le franchir.

» Le terrain à droite et à gauche de la grande route qui mène du pont de San Martino à celui de Magenta est coupé de fossés remplis d'eau et de rizières inondées qui rendaient très-difficile la marche de l'infanterie en dehors de la route. A gauche, une chaussée étroite conduit au pont de Buffalora; à droite, la levée du chemin de fer mène à celui de Rebecco. Pour enlever cette formidable position, je fis attaquer à gauche le village de Buffalora par le 2e de grenadiers, sous les ordres du colonel d'Alton, et je fis marcher à droite sur la chaussée du chemin de fer le 3ᵉ de grenadiers, commandé par le colonel Metman. Le régiment des zouaves fut massé dans un pli de terrain près de la grande route, et mis à l'abri du feu de l'ennemi ; la route elle-même, à hauteur des zouaves, fut occupée par deux pièces d'artillerie qui soutenaient avec avantage le feu de l'artillerie ennemie.

» A droite, le 3ᵉ de grenadiers, dirigé par le général Wimpffen, enleva à l'ennemi une redoute qui couvrait le pont de Rebecco, le rejeta au delà du canal, et, grâce à la vigueur de ce régiment, tous les efforts faits par les Autrichiens pour reprendre ce poste important furent victorieusement repoussés pendant le reste de la journée.

» Une fois ce poste enlevé, le lieutenant-colonel de Tryon, avec un bataillon du 3ᵉ grenadiers, se jeta rapidement à gauche et vint attaquer les deux premières maisons qui couvraient l'approche du pont de Magenta ; après une vive fusillade, il parvint à s'en emparer, mais sa troupe était trop faible pour déboucher du pont, qui était vigoureusement défendu par des forces très-supérieures. Alors, les zouaves, commandés par le colonel Guignard, et dirigés par le général Cler, appuyèrent l'attaque du 3ᵉ grenadiers, forcèrent le passage du pont, s'établirent dans la maison de droite et durent lutter quelque temps encore avant d'enlever la maison de gauche, d'où partait une fusillade meurtrière. Enfin, après une demi-heure d'un combat opiniâtre, ce poste fut enlevé de vive force et rien ne s'opposa plus au libre passage du pont.

» Peut-être eût-il été prudent de s'arrêter à ce succès et de se borner à la possession de cette sorte de tête de pont en attendant l'arrivée des corps d'armée du général Niel et du maréchal Carobert ; cette mesure était d'autant plus nécessaire que le général de Mac-Mahon avait suspendu son attaque ; mais, entraînées par leur fougue habituelle, nos troupes, à peine fortes de trois bataillons, sortirent du poste qu'elles avaient conquis et se portèrent sur Magenta, centre de la position ennemie. Bientôt elles se trouvèrent en présence de forces supérieures, et des colonnes ennemies couvertes de tirailleurs vinrent menacer leur droite et leur gauche. A ce moment, le général Cassaignolles, à la tête de 110 chasseurs de la garde, chargea à plusieurs reprises et avec une remarquable énergie sur la gauche, et, malgré la difficulté du terrain planté d'arbres et de vignes, il parvint à sabrer les tirailleurs ennemis et à arrêter la marche offensive de ses colonnes.

» Mais l'ennemi, favorisé par la nature du terrain, peu praticable à la cavalerie, reprit bientôt sa marche offensive, et le faible détachement de chasseurs de la garde se retira entre les deux maisons qui forment la tête de pont de Magenta, où il fut bientôt rejoint par l'artillerie et l'infanterie qui s'étaient portées sur le centre de la position ennemie.

» Les deux fermes, à droite et à gauche du pont, furent fortement occupées par le 3ᵉ de grenadiers et les zouaves ; la cavalerie fut renvoyée au delà du pont.

» Il était quatre heures du soir, l'ennemi se croyait victorieux.

» Il importait au succès de la journée de conserver le débouché du pont sur le Naviglio, pour permettre aux corps d'armée du général Niel et du maréchal Canrobert d'aborder l'ennemi aussitôt qu'ils arriveraient.

» Votre Majesté ordonna de défendre le poste avec la plus grande énergie en attendant l'arrivée des renforts qui approchaient. Les ordres de Votre Majesté furent exécutés : les zouaves, les grenadiers du 3e, ainsi que ceux du 1er régiment qui étaient venus les soutenir, résistèrent à toutes les attaques dans les postes qui leur étaient confiés.

» Vers cinq heures du soir, la brigade Picard parut à portée du pont ; les grenadiers et les zouaves, reprenant alors l'offensive, s'élancent à la baïonnette, repoussent encore une fois l'ennemi vers Magenta, et assurent un débouché aux deux corps d'armée qui arrivaient. La division Vinoy, du corps Niel, entra alors en action. Les opérations du général Niel furent secondées par les feux de l'artillerie de la garde, dirigés avec habileté sur les réserves ennemies abritées derrière les villages de Castello, de Barsi et de Rebecco.

» Pendant les opérations dont je viens de rendre compte, le régiment du colonel d'Alton s'était emparé de Buffalora, vigoureusement défendu, et, secondé par le 73e de ligne, du corps d'armée du général de Mac-Mahon, il s'y était maintenu jusqu'à la fin de la journée contre l'attaque de forces supérieures.

» Tous les régiments de la division Mellinet, la cavalerie et l'artillerie, ont dignement fait leur devoir. Toutefois, l'enlèvement d'une position que l'art et la nature semblaient rendre inexpugnable, position défendue par des forces très-supérieures en nombre, n'a pu être obtenu qu'au prix de pertes considérables. Parmi les pertes les plus regrettables, je dois signaler à Votre Majesté celle du brave général Cler, officier du plus grand mérite, qui a reçu la mort en menant les zouaves à la charge.

» Dans l'attaque de Buffalora le 2e de grenadiers, les commandants de Maudhuy et Desme de Lisle ont trouvé une mort glorieuse : le général Wimpffen, en conduisant l'attaque de droite, a été légèrement blessé à la figure.

» Le général Mellinet, qui, pendant tout le cours de l'action, m'a secondé avec une rare valeur, a eu deux chevaux tués sous lui.

» Je mettrai plus tard sous les yeux de Votre Majesté les noms des officiers qui se sont fait le plus remarquer et qui me paraissent plus particulièrement dignes de récompenses.

» Bien que M. le général Le Bœuf ne soit pas sous mon commandement, je manquerais à un devoir si je ne signalais pas l'énergique assistance que cet officier général m'a prêtée en dirigeant le feu de mon artillerie pendant le plus chaud de l'action. Son zèle seul l'amenait au milieu de nous : c'est un officier général qu'on est sûr de rencontrer partout où se présente le danger.

» *Le général commandant en chef la garde impériale.*

» REGNAUD DE SAINT-JEAN D'ANGÉLY. »

Rapport du général commandant en chef le 2e corps.

« Au quartier général, à Magenta, le 6 juin 1859.

» Sire,

» Hier j'ai eu l'honneur d'adresser à Votre Majesté un premier rapport succinct sur les opérations du 2e corps dans la journée du 4 ; je le complète ce matin, ayant reçu les rapports particuliers des commandants de division.

» Conformément aux ordres de Votre Majesté, le 2e corps et la division des voltigeurs de la garde impériale ont quitté Turbigo le 4, à dix heures du matin, pour se porter sur Magenta.

» La première division du 2e corps (division La Motterouge) est partie de Turbigo par Robechetto, Malvaglio, Casate et Buffalora, pendant que la division Espinasse se dirigeait sur le même point par Buscate, Inveruno, Mesero et Marcallo.

» La division Camou, des voltigeurs de la garde, marchait dans les traces de la division La Motterouge. Arrivé à Cuggiono, je m'aperçus que la tête de cette division (il était midi environ) avait l'ennemi devant elle à Casate. Les renseignements que j'ai recueillis dans la journée d'hier indiquent qu'il y avait sur ce point deux régiments autrichiens.

» Je les fis attaquer sur-le-champ par le régiment de tirailleurs algériens. Le village étant enlevé, ce régiment s'établit à 200 mètres en avant. Je le fis arrêter sur ce point et je fis déployer la 1re division, la droite à la Cascina-Valizio, la gauche vers la Cascina-Malastalla, pendant que l'ennemi, de son côté, réunissait des forces à Buffalora et Cascina-Guzzafame.

» Il m'était démontré, par les dispositions que prenait l'ennemi, que j'allais avoir devant moi des forces considérables.

» Pendant que la division La Motterouge formait sa ligne de bataille, je faisais avancer la division de voltigeurs de la garde en seconde ligne. Cette division était composée de treize bataillons, ceux-ci par bataillons en masse, à intervalles de déploiement.

» Sur ma gauche, je faisais dire au général Espinasse de hâter son mouvement sur Mesero et Marcallo.

» Vers deux heures, cet officier-général m'informait qu'il avait lui-même l'ennemi devant lui à Marcallo.

» Je lui prescrivis aussitôt d'enlever ce village, puis de s'établir, sa gauche appuyé à Marcallo, sa droite dans la direction de Cascina-Guzzafame. Dès que j'eus la certitude que ces dispositions préparatoires étaient achevées, je fis attaquer vigoureusement Buffalora par la division La Motterouge, soutenue par la division Camou.

» La position de Buffalora, si les renseignements que j'ai reçus sont exacts, se trouvait occupée par 15,000 Autrichiens, ayant en arrière d'eux, entre Buffalora et Magenta, un corps de 20,000 hommes.

» L'ennemi avait sur son front devant le village de Buffalora, une forte batterie d'artillerie et une batterie de fuséens.

» La position fut attaquée vigoureusement par le régiment de tirailleurs indigènes et le 45e de ligne, pendant que les grenadiers de la garde, débouchant par San Martino, attaquaient également Buffalora et obligeaient l'ennemi à battre en retraite vers Magenta.

» Le village de Buffalora étant dépassé par mes troupes, je fis sur-le-champ un quart de conversion à gauche pour former une ligne de bataille appuyée, la droite au chemin de Buffalora à Magenta, la gauche à Cascina-Nova, se ralliant de ce côté avec la division Espinasse, vers Marcallo.

» Dès que la division La Motterouge eut achevé de prendre son ordre de bataille, et que la division Camou eut débouché sur la gauche de Buffalora, je fis marcher directement toute la ligne sur Magenta, alors très-fortement occupé par l'ennemi.

» A Cascina-Nova, le 45e de ligne s'engagea, avec la plus grande intrépidité, contre les forces qui s'étaient établies dans l'intérieur et autour de cette grande ferme. Deux régiments hongrois, qui défendaient cette position, furent obligés de céder à notre élan ; 1,500 hommes environ déposèrent les armes, un drapeau fut enlevé par le 45e sur le cadavre du colonel d'un de ces régiments.

» Le mouvement se prolongeant en avant, vers Cascina-Guzzafame, la division La Motterouge se trouva avoir devant elle des forces considérables, qui manœuvraient dans l'intention évidente de s'opposer à la jonction de mes deux divisions et d'isoler complétement la division Espinasse.

» En ce moment, je ralentis un peu le mouvement de la division La Motterouge, laissant seulement ses tirail-leurs s'engager avec l'ennemi, afin de donner le temps aux bataillons de la division de se former en bon ordre, et aux treize bataillons de la division Camou de prendre également leur ligne de bataille à 200 mètres en arrière de la division La Motterouge.

» Ceci fait, j'ordonnai au général La Motterouge de faire effort sur Magenta et de faire prendre pour point de direction, à tous ses bataillons, le clocher de cette ville, en menaçant par son extrême droite, composée du 45e, la droite de l'ennemi.

» Pendant ce temps, la division Espinasse, marchant de Marcallo par Cascina-Medici, abordait l'ennemi par sa droite. Le mouvement convergeant des deux divisions s'opéra avec un ensemble et un élan des plus remarquables. La division La Motterouge, se sentant appuyée par les voltigeurs de la garde, et ceux-ci ayant en avant une première ligne formée de régiments, dont ils connaissaient toute l'ardeur, les deux troupes rivalisèrent d'entrain pour concourir au même but. L'acharnement de l'ennemi dans Magenta fut extrême. Des deux côtés, on sentait que Magenta était réellement la clef de la position. Dans ce mouvement d'attaque générale, le général Auger, commandant l'artillerie du 2e corps, avait suivi le mouvement de la division La Motterouge, établissant successivement les batteries de cette division et celles de la réserve sur la droite de ma ligne de bataille, afin de répondre vigoureusement à l'artillerie ennemie établie au débouché de la ville, sur la route de Buffalora.

» Vers sept heures, le gros des forces ennemies dessina son mouvement de retraite vers Rebecco, Castellaro et Corbetta. Une partie s'engagea sur le chemin qui conduit de Magenta à Ponte di Magenta.

» En ce moment, notre artillerie, avec quarante pièces en batterie sur le chemin de fer parallèle à la direction de la ligne de retraite de l'ennemi, put prendre en flanc et d'écharpe les colonnes autrichiennes qui défilaient de ce côté dans le plus grand désordre. Celles-ci durent éprouver des pertes considérables, reçues qu'elles étaient dans ce moment, avec la plus grande vigueur, par l'une des divisions du 4e corps, dont un des régiments, le 52e de ligne, avait concouru un instant à l'attaque de Magenta.

» La ville de Magenta, tombée en notre pouvoir vers sept heures et demie, était encore en ce moment même remplie de nombreux détachements ennemis retranchés et barricadés dans toutes les maisons, se défendant avec intrépidité, mais auxquels toute retraite était devenue impossible. A huit heures, le feu cessa des deux côtés et ces détachements durent mettre bas les armes. L'attaque de la ville par la division Espinasse, faite en même temps que celle de la division La Motterouge, fait le plus grand honneur aux régiments de la 2e division.

» Le 2e de zouaves et le 2e étranger s'y sont fait remarquer tout particulièrement.

» Le champ de bataille, entièrement couvert des cadavres de l'ennemi, jonché de ses armes et de ses effets de toute espèce, indique à la fois combien nos troupes ont été vigoureuses et combien les pertes de l'ennemi ont été grandes.

» A l'heure qu'il est, j'estime à 5 ou 6,000 le nombre des prisonniers que j'ai fait diriger sur San-Martino.

» Il y a plus de 10,000 fusils sur le champ de bataille; nos pertes, quoique sensibles, sont relativement peu considérables.

» Le général Espinasse, chargeant de sa personne à la tête d'un de ses bataillons, est tombé mortellement frappé, ainsi qu'un de ses officiers d'ordonnance, dans la ville de Magenta.

» Brillamment comme lui, à la tête de leurs troupes, sont tombés les colonels Drouhot, du 65e de ligne; de Chabrières, du 2e régiment étranger.

» Je ne doit pas omettre de signaler les services que nous a rendus notre cavalerie dans cette journée. Elle a chargé plusieurs fois la cavalerie ennemie qui cherchait à s'engager dans les intervalles de nos colonnes.

» Notamment, mon peloton d'escorte a chargé trois fois sur des partis de uhlans. Nulle part la cavalerie autrichienne n'a tenu devant la nôtre.

» D'après les renseignements fournis par un officier d'ordonnance du général Jellachich, qui a été fait prisonnier, l'ennemi avait devant nous quatre corps d'armée de 30,000 hommes chacun sur le papier, mais, en réalité, n'ayant que 25,000 combattants.

» Ces corps seraient ceux de Klam-Gallaz, Lichtenstein, Benedek et Zobel, commandés en chef par le feld-maréchal Giulay.

» Je n'ai pas besoin, Sire, de vous

dire combien j'ai à me féliciter de la vigueur et de l'énergie de toutes les troupes que j'ai l'honneur de commander, à quelques armes qu'elles appartiennent. J'y comprends, bien entendu, la division de voltigeurs de la garde, qui a été mise un instant sous mes ordres, et dont le concours m'a été très-utile.

» Si j'éprouve un regret, c'est de ne pouvoir, dans ce rapport, vous donner les noms des officiers et des soldats, en très-grand nombre, qui méritent d'être mis à l'ordre de l'armée.

» Les officiers généraux, sans exception, sont tous dans cette catégorie, et j'en puis dire autant de tous les chefs de corps.

» J'ai dirigé hier sur San-Martino trois canons autrichiens qui ont été enlevés à l'ennemi dans la journée du 4 juin.

» Je suis avec le plus profond respect, Sire, de Votre Majesté, le très-humble et très-obéissant serviteur et sujet.

» *Le général commandant en chef le 2ᵉ corps,*

» DE MAC-MAHON. »

Rapport du maréchal commandant en chef le 3ᵉ corps.

« Le maréchal commandant le 3ᵉ corps partit de Novare le 4 juin ; dès qu'il a eu passé le pont du Tessin (cinq heures du soir) et pris les ordres de l'Empereur, il s'est porté rapidement sur le lieu du combat, où la brigade Picard, de la division Renault arrivée à quatre heures du soir, s'était placée à la droite des grenadiers de la garde, qui avaient enlevé avec tant de vaillance des positions vraiment formidables.

» A l'arrivée du maréchal, la brigade Picard, aidée de quelques bataillons de la division Vinoy, avait déjà pris et repris plusieurs fois le village de Ponte di Magenta ; mais la disposition du terrain qui s'étend entre ce village et la jetée du chemin de fer présente un contre-fort très-rapproché de cette jetée, la dominant, et dont l'occupation était de ce côté une sorte de clef de position.

» Le maréchal le fait occuper par plusieurs compagnies que placent M. le général Courtois d'Hurbal et M. le capitaine de Molènes, un de ses officiers d'ordonnance ; puis il prolonge sa marche jusqu'au village même de Ponte di Magenta, qui, après avoir été pris et repris trois fois, avait encore à être défendu une quatrième contre le retour des Autrichiens.

» Le général Picard, le colonel Bellecourt, du 85ᵉ, et beaucoup d'officiers, qui donnent aux troupes l'exemple de l'entrain et de la ténacité dans l'entrain, le font reprendre de nouveau.

» L'ennemi sentait l'importance de ce point qui, s'il fût resté en son pouvoir, le menait sur le flanc même de notre ligne de communication avec le pont du Tessin. Cette circonstance explique sa ténacité dans les attaques successives et l'irrésistible entrain des nôtres dans les retours offensifs pour reprendre la position.

» La brigade Jannin, ayant à sa

tête le général Renault, avait enfin pu déboucher et se porter rapidement sur la ligne autrichienne, s'appuyant à Ponte di Magenta, dans la portion de ce village placée sur la rive gauche du canal Naviglio. Prise et reprise plusieurs fois, cette portion du village, isolée par le pont du Naviglio, que l'ennemi avait fait sauter, reste en possession du général Renault, qui s'y établit définitivement.

» La division Trochu, qui n'apparaît sur le théâtre de la lutte que vers huit heures du soir avec sa première brigade, s'établit dans le village de Ponte di Magenta et corrobore notre succès par une occupation des plus solides.

» De grands éloges doivent être donnés à la troupe, qui, malgré sa faiblesse numérique, les fatigues d'une marche pénible, a constamment suivi

Vaillant.

l'exemple de ses chefs à tous les degrés de la hiérarchie, et chargé chaque fois énergiquement l'ennemi à la baïonnette.

» Le succès a été glorieux, mais chèrement acheté : plus de onze cents hommes ont été frappés. Parmi les officiers tués, j'ai la douleur de citer M. le colonel de Senneville, mon chef d'état major général, officier supérieur accompli; le colonel Charlier,

du 90e, tué à la tête de ses soldats; le capitaine d'état-major Baligand, excellent officier, aide-de-camp de M. le général Jannin. Parmi les blessés se trouve l'intendant Mallarmé; le colonel Auzouy, du 23e de ligne; le colonel d'état-major de Cornély, mon premier aide-de-camp, contusionné par la chute d'un cheval tué sous lui; le capitaine d'état-major Armand, l'un de mes aides de camp, blessé légèrement d'une balle au menton ; M. le sous-lieutenant de·Lostanges, atteint d'un léger coup de sabre à la tête.

» Nous avons pris à l'ennemi plusieurs centaines de prisonniers qui ont été immédiatement dirigés sur San Martino.

» Tout porte à croire qu'en face de nous la perte de l'ennemi a été au moins triple de la nôtre.

» M. le comte de Vimercati, officier piémontais, mis à ma disposition par l'Empereur, m'a été très-utile.

» *Le maréchal de France, commandant en chef le* 3e *corps,*

» Maréchal CANROBERT. »

Rapport du général commandant en chef le 4e *corps.*

« Au quartier général de Ponte di Magenta, le 5 juin 1859.

« Sire,

» Je n'ai pu encore réunir tous les documents relatifs à la part que la division Vinoy, du 4e corps, a prise à la bataille qui a été livrée hier au débouché du pont du Tessin ; mais je pense que Votre Majesté lira avec intérêt le résumé des renseignements que j'ai déjà pu me procurer.

» Au moment où elle venait de prendre son bivac à Trecate, arrivant de Novare, la division Vinoy a été appelée par l'Empereur. La distance de Trecate à Ponte Nuovo di Magenta a été presque entièrement parcourue au pas de course, et j'ai eu à calmer plutôt qu'à exciter la rapidité de la marche. Il était temps que cette divi-

sion arrivât. La grande supériorité des forces de l'ennemi faisait éprouver des pertes à la garde impériale, qui était vivement pressée dans ses positions. J'ai dû envoyer des renforts sur les points les plus menacés. Les troupes de la division, combattant par groupes de deux ou trois bataillons, ont été plusieurs fois dans des positions critiques. En ligne, nous étions menacés d'être percés, et quand nous formions des colonnes d'attaque, nous étions enveloppés.

» L'ennemi a été chassé de toutes les positions que nous voulions occuper, qui sont restées jonchées de ses morts et de ses blessés. La 2e division a fait plus de 1,000 prisonniers.

» Un combat si vif a entraîné des pertes sensibles. D'après les rapports qui me sont arrivés jusqu'à ce moment, et qui sont bien près d'être exacts, la division Vinoy a eu 11 officiers tués et 50 blessés ; le nombre de sous-officiers et soldats tués ou blessés est de 650. Le 85e est le corps qui a le plus souffert ; le commandant Delort, de ce régiment, s'est fait bravement tuer à la tête de son bataillon, et tous les autres officiers supérieurs ont été mis hors de combat. Le général de Martimprey a été blessé à la tête de sa brigade.

» J'aurai beaucoup d'actes de bravoure à faire connaître, mais je crois devoir signaler dès aujourd'hui à Votre Majesté la brillante conduite du général Vinoy. Il est impossible d'allier à un plus haut degré l'ardeur qui électrise le soldat et la présence d'esprit qui fait parer aux cas difficiles et imprévus.

» Tout le monde, Sire, a bien fait son devoir dans la 2ᵉ division du 4ᵉ corps. On y était heureux de combattre sous les yeux de Votre Majesté.

» Je suis avec le plus profond respect, Sire, de Votre Majesté, le plus dévoué serviteur et sujet.

» *Le général de division, aide de camp de l'Empereur, commandant du 4ᵉ corps,*

» Niel. »

Maintenant laissons parler ceux qui ont eu une grande part dans cette affaire.

» L'occupation de San Martino a été le début de la journée. Cette occupation pourrait compter à elle seule pour un succès, car le village de San Martino est sur une position élevée, et entouré de fossés et d'escarpements naturels qui facilitaient une longue et énergique résistance. Mais l'ennemi n'a pas tenu, et, après avoir inquiété notre marche, il a laissé libre le premier pont établi sur le Tessin, qu'il a vainement essayé de faire sauter. Deux arches seulement de ce magnifique pont, qui en compte onze, et qui fut construit par nos ingénieurs en 1810, ont souffert. Ce sont les deux dernières qu'on s'est hâté de consolider pour laisser passer nos troupes sur l'autre rive.

» Celles de nos troupes qui, sur ce point, ont touché, les premières, le sol lombard, se composaient de détachements des trois régiments de grenadiers de la garde et du régiment de zouaves. Le nombre était à peine de 2,500 à 3,000 hommes, qui arrivèrent bientôt aux deux ponts, l'un du chemin de fer, jetés sur le canal le *Naviglio-Grande*, qui facilite le commerce de Milan avec le lac Majeur.

» Il était dix heures du matin. Notre colonne s'avance en sortant des deux ponts par une route entourée de petites collines, passe devant la grande maison de la douane qui est sur la gauche de la route, et se dirige vers Buffalora. Mais aussitôt une forte détonation retentit, et nos soldats voient devant eux et sur les flancs de la colonne apparaître tout à coup une nuée de soldats autrichiens qui, cachés dans les blés, dans les broussailles, dans des bouquets d'arbres et dans les maisons qui, depuis la douane autrichienne, bordent la route à chaque pas, font plusieurs décharges sur eux. L'ennemi, installé partout, opère même un mouvement assez rapide, pour envelopper notre colonne et l'arrêter dans sa marche.

» Mais ce mouvement était inutile. En présence de l'ennemi, la tactique de nos régiments n'est pas de reculer; tous s'avancent avec entrain; quelques coups de feu répondent aux décharges des Autrichiens, le cri : *A la baïonnette!* —toujours ce cri magique !—retentit aussitôt dans nos rangs.

» Que se passe-t-il alors? Que se passe-t-il durant deux heures? La plume ne saurait le décrire. Jusqu'à midi, 2 à 3,000 hommes tinrent tête à 25,000, défendant le terrain pied à pied, luttant corps à corps, prenant et reprenant les positions, débusquant l'ennemi des maisons où il se retranchait, débusqués à leur tour, et reprenant jusqu'à cinq et six fois des embuscades, des sentiers, des jardins, où les cadavres autrichiens s'amoncelaient de minute en minute. Ces deux premières heures de lutte furent une horrible et glorieuse mêlée, qui vit tomber nos plus braves soldats ; mais l'ennemi, terrifié par cette résistance héroïque, dut se replier, abandonnant des centaines de blessés, des armes, des munitions, et comptant au moins la moitié de ses hommes mis hors de combat.

» Cependant la bataille recommence ; l'ennemi a recruté de nouvelles forces, c'est le corps de Lichtenstein qui agit avec celui de Zobel, et l'on évalue, quant à présent, l'effectif engagé à 60,000 hommes au moins. Les bataillons de la garde impériale, grenadiers et zouaves, soutiennent encore le combat, quand arrive à leur aide une division du corps d'armée du maréchal Canrobert, et 10,000 de nos soldats se trouvent engagés. C'est la division Espinasse qui attaque la première, et, pendant deux nouvelles heures, le canon et la fusillade retentissent. L'ennemi se bat avec acharnement et avec courage : nos soldats ont trouvé enfin des soldats dignes d'eux, et le champ de bataille reste toujours concentré sur les deux collines qui entourent la route depuis les deux ponts du canal jusqu'à la douane, et de la douane sur la route qui conduit à Buffalora.

» Derrière le bâtiment de la douane est une maison avec jardin ; nos soldats y font des prodiges de valeur ; mais c'est près de là, malheureusement, que le brave général Cler tombe mortellement frappé. En face, de l'autre côté de la route, est une grande maison contre laquelle s'appuie une plus petite ; derrière s'étend un grand jardin potager, coupé de vignes, d'un terrain inégal, et bordé d'arbres et de haies. Les soldats arrivés par le pont du chemin de fer, qui est à la droite du grand pont, donnent particulièrement contre ces maisons et dans le jardin potager. C'est là que le général Espinasse est frappé. Son aide de camp est près de lui, et tous deux trouvent, en se lançant au milieu des rangs ennemis avec une rare impétuosité, la mort qu'un soldat ambitionne.

» Le maréchal Canrobert survient pour montrer cette fougue et ce brillant courage qui triplent l'ardeur des soldats. Puis, c'est le général Niel qui rejoint le général Mac-Mahon, engagé dès la première heure ; et quand huit heures du soir ont sonné, l'ennemi est en pleine déroute. Grenadiers et zouaves de la garde, soldats et zouaves de la ligne, artillerie, tout le monde a donné, et je n'essaierai pas de préciser la part de chacun de ces régiments. On dit que l'Empereur, dans sa dépêche à l'Impératrice, a écrit les mots : « Détails impossibles ! » Ces mots sont vrais. Il faudrait faire l'histoire de chaque régiment, dictée en quelque sorte par chaque soldat, pour être sûr de ne rien oublier.

» Quand je suis arrivé ce matin sur le champ de bataille, la plus grande partie des blessés était enlevée. Mais j'ai pu juger par le nombre des morts, par la place qu'occupaient les cadavres, de toute la furie avec laquelle on s'était battu des deux côtés. Par exemple, dans le jardin potager qui se trouve derrière les maisons à la droite de la route, les zouaves de la garde ont su toujours tenir leur position, tout en faisant six charges successives à la baïonnette. Aussi ne voit-on pas deux zouaves morts à côté l'un de l'autre. Les braves qui ont succombé sont entourés de cinq, de six, de huit cadavres autrichiens : c'est comme une garde d'honneur pour tous ces intrépides soldats qui ne songeaient pas seulement à défendre leur vie, mais à défendre celle de leurs officiers.

» Sur la route, dans les maisons, au détour de chaque sentier, la proportion des morts français et autrichiens est la même : un contre cinq. Les ambulances nous en rendront beaucoup qui ne tarderont pas à rentrer dans les rangs. Sur la route de

Randon.

Novare à San-Martino, j'ai rencontré, par exemple, de ces derniers qui suivaient à pied les voitures chargées de leurs camarades, et plusieurs m'avouaient du ton le plus naturel « qu'ils » ne demanderaient pas mieux que de » retourner sur leurs pas. »

» Les pertes de l'ennemi ne sont pas encore bien établies, mais on parle avec quelque vraisemblance de 15 à 20,000 hommes hors de combat et de 7 à 8,000 prisonniers. De ce nombre, j'en ai vu un convoi de 1,252 dirigé immédiatement sur Novare ; un autre groupe de 15 à 1,600 réuni à San-Martino, et de 2 à 3,000 environ stationnés entre le pont du Tessin et le pont de Buffalora. Ces hommes sont, sans exception, plus virils que les premiers pris à Montebello.

» La rapidité avec laquelle les troupes s'étaient portées depuis trois jours vers San-Martino était telle, que plusieurs régiments sont arrivés sur le champ de bataille après une marche de cinq à six heures. Mais « le bruit » de la fusillade donne des jambes, » et pas un de ces intrépides n'a reculé devant la poursuite.

» Aux cris de leurs chefs, ils s'élançaient sur les rangs ennemis, ils couraient en avant armés de leur terrible baïonnette, et, de l'aveu d'un officier, rien n'était beau comme de voir l'intrépidité de ces bataillons, dont tous les hommes étaient animés d'une ardeur indomptable. Et pendant que chacun d'eux se battait, on voyait aller et venir dans les rangs leurs chefs, le maréchal Canrobert, l'épée à la main, les généraux Cler, Espinasse, Mac-Mahon, Niel, de Failly, et bien d'autres dont la voix dominait le bruit de la fusillade et excitait l'ardeur des troupes. »

CHAPITRE II.

Autres détails sur la bataille de Magenta.

Deux généraux ont succombé à la bataille de Magenta : le général Espinasse, aide de camp de l'Empereur, et le général Cler, général de brigade.

Les circonstances qui ont accompagné la mort glorieuse du général Espinasse ayant été diversement rapportées, nous croyons devoir publier le récit suivant emprunté à une lettre d'un officier général qui se trouvait à l'action :

« Le 3 juin, vers quatre heures du soir, le général Espinasse traversa heureusement le Tessin avec sa division, sur le pont de Turbigo. Le 4, à dix heures du matin, il reçut l'ordre de se porter vivement sur Magenta, en passant par le village de Buffalora. C'est là que, à trois heures environ, il trouva l'ennemi en forces considérables, et engagea un premier combat qui fut très-rude. La deuxième brigade de sa division y prit la plus large part et enleva aux Autrichiens deux drapeaux, celui du 9e de ligne, que le colonel Schmidt a apporté à Sa Majesté l'Impératrice, et un autre tellement mis en lambeaux qu'il a été impossible d'en distinguer le numéro. Il était quatre heures lorsque le général Espinasse rallia ses troupes et se mit en marche sur Magenta, grand village de 6,000 âmes, auquel l'ennemi appuyait sa droite et où il avait massé de nombreux bataillons. Toutes les maisons étaient crénelées, toutes les rues barricadées, toutes les avenues balayées par le canon ; les quatre églises, leurs clochers, les gares du chemin de fer présentaient une défense formidable. Aux yeux de tous ceux qui savent la guerre, le succès de la journée était là. Le général Espinasse fit battre la charge et se jeta des premiers dans une large rue qui conduit à la gare du chemin de fer. Accueillies par la mitraille, nos troupes s'emparèrent des pièces en un instant, mais en comblant de cadavres l'intervalle qu'il fallait franchir pour y arriver. Les chevaux menaçaient à tout moment de s'abattre sur ce sol trempé de sang : « Mettons pied à terre, » dit le général Espinasse au général Castagny qui le suivait, et tous deux se portèrent en avant. Une maison occupée par plus de cinq cents Autrichiens faisait aux nôtres un mal considérable, et tous les efforts avaient été impuissants pour faire céder la porte cochère fortement barricadée. Le général Espinasse désignait de l'épée à ses zouaves les fenêtres du rez-de-chaussée, et leur criait de les enfoncer, lorsqu'une balle, partie de ce rez-de-chaussée même, l'atteignit au-dessus de la hanche droite, lui traversa le corps de part en part, et lui brisa le bras gauche. Il poussa un grand cri, lança au loin son sabre de combat, et tomba mort aux pieds du général Castagny.

» Il est mort glorieusement à la tête de sa division, après avoir pris à l'ennemi drapeaux et canons, après avoir exécuté, avec autant de bravoure que d'habileté, le mouvement qui décida du gain de la bataille. L'Empereur a donné des larmes au capitaine intrépide, au serviteur dévoué, à l'ami qu'il perdait. Nos soldats l'ont pleuré aussi. Au moment où le glorieux cadavre qu'on ramenait en France traversait leurs rangs, officiers et soldats, cavaliers et fantassins, chasseurs et zouaves, résumaient

leur virile douleur en cette naïve et touchante expression : « Quel brave homme de moins ! »

Le général Espinasse, une des victimes de la bataille de Magenta, naquit à Saissac (Aude), le 2 avril 1815. Il était donc âgé de 44 ans seulement au moment où la mort est venue le frapper.

Il entra en 1833 à l'école militaire de Saint-Cyr.

Envoyé en Afrique, il fut promu au grade de chef de bataillon en 1845.

En cette qualité il commandait un bataillon de zouaves à la tête duquel il prenait part au combat d'Aurès, où il reçut quatre blessures.

En 1848 il passa au 22e léger, puis au 42e de ligne, avec lequel il assista au siége de Rome.

Nommé colonel en 1851, M. Espinasse fut promu au grade de général de brigade après le 2 décembre, avec le titre d'aide de camp de l'Empereur.

Quand éclata la guerre de Crimée, le général Espinasse commanda une brigade de la 1re division de l'armée d'Orient. Atteint du choléra dans la Dobrustcha, il revint en France, puis retourna en Crimée au printemps de de l'année 1855.

A la bataille de la Tchernaïa et à l'assaut de Malakoff, le général Espinasse se distingua par sa bravoure, et reçut en récompense de ses services le grade de général de division.

Après l'attentat du 14 janvier M. Espinasse remplaça M. Billault au ministère de l'intérieur, où son passage fut de courte durée.

Nommé sénateur lorsque M. Delangle prit le portefeuille de l'intérieur, M. Espinasse commandait la 2° division du 2° corps d'armée sous les ordres du général de Mac-Mahon.

Une longue et glorieuse carrière s'ouvrait devant le général Espinasse, lorsque la mort est venue l'arrêter au milieu même d'une victoire à laquelle sa bravoure a honorablement contribué.

Le général Cler, général de brigade, reçut une balle dans la tête ; il n'eut que le temps d'y porter la main et de s'écrier : «Ah ! mon Dieu !» Il était mort.

Voici comment parle du général Cler un homme qui l'avait bien connu :

« Ce caractère si noble, ce type des vertus chevaleresques, il fallait donc que la mort vînt le consacrer, pour que tout ce mérite, toute cette gloire pussent être révélés à ses concitoyens. Oh ! monsieur, ce douloureux sujet porte à une admiration si naturelle qu'on ne saurait s'arrêter dans l'éloge de ce vaillant soldat. Sûrement, le général Cler fut un grand capitaine, il était doué d'un esprit militaire d'une haute portée, possédant en outre, affirment les personnes compétentes, le génie stratégique au dernier degré. Il alliait encore, aux champs de l'honneur, le feu, l'énergie, la témérité même au sang-froid et à la prudence. On le retrouvait ensuite dans la vie ordinaire un causeur spirituel, un pittoresque conteur. Au salon, sa grâce entraînante, ses façons distinguées, sa personne, tout élégance et harmonie, en faisaient un cavalier accompli. Mais ses véritables séductions, ce qu'on ne connaîtra jamais assez, ce que la plume la mieux exercée serait inhabile à traduire, ce sont les richesses infinies de son cœur. C'est alors, dans l'intimité d'une ou deux personnes, que le général répandait la la poésie élevée, les trésors de ce cœur, source de bonté, de délicatesse, d'indulgence ; lent à accuser, prompt à défendre ; niant volontiers le mal, parce qu'il ne pratiquait que la science du bien ; chrétien, en un mot, dans son essence la plus pure, son amitié recélait une source particulière de douceur et de charme, se révélant imprévue dans mille soins touchants, dans les détails les plus fins, les plus exquis. Il ne recherchait ni les vanités, ni les somptuosités du luxe. Les salons où règnent l'éclat, le prestige des titres ou de la fortune l'appelaient sans le fixer ; évitant au contraire avec un soin extrême ce qui pouvait ressembler à une ombre d'adulation. Et à ce propos, monsieur, laissez-moi vous dire un fait d'actualité qui donnera plus de valeur à mon observation.

» Un soir, chez un de ses compatriotes et amis, le docteur Faivre, il racontait à quelques intimes réunis des scènes inédites de Crimée, et entre autres une dans laquelle le prince Napoléon tient une place assez remarquable au point de vue du courage moral.

» C'était entre l'Alma et Inkermann. Le général Cler, alors colonel dans la division du prince, est averti nuitamment que l'ennemi est proche et menace de surprendre le camp. Il fallait, avant toute chose, éclaircir la vérité de ces paroles ; le colonel décide qu'il s'en assurera lui-même, escorté de ses ordonnances seulement, afin de ne point donner l'éveil à l'ennemi. Il court prévenir le prince Napoléon de ce dessein; Son Altesse déclare qu'elle sera de la partie ; le colonel, effrayé des suites que cette démarche peut avoir, supplie le prince de renoncer à ce projet : on peut tomber dans une embuscade, y périr sans utilité et sans gloire : pis encore, être prisonnier. Le prince insiste à ce point qu'il faut obéir et partager les dangers que pouvait renfermer cette nuit sombre, obscure, glacée. Le général Cler, en racontant ce fait, avec son langage coloré et fortement accentué, était saisissant. Il avait découvert alors, disait-il, des qualités militaires si élevées chez le prince Napoléon, que le souvenir le remuait encore. »

Maintenant la parole est aux soldats.

M. Hippolyte Gravier, sergent de grenadiers au 85ᵉ de ligne, régiment qui a été si noblement éprouvé à Magenta, écrit à son père :

Novare, 11 juin.

« Je vais t'apprendre une nouvelle qui va t'affliger : j'ai été blessé à la bataille de Magenta ; le 4 de ce mois, j'ai reçu une balle dans la cuisse, entre l'aine et le genou ; la balle n'a pas encore pu être extraite.

» Nous étions, le 4 au matin, campés à trois kilomètres de Novare ; nous reçûmes l'ordre, à neuf heures, de changer de position ; à dix heures, nous étions sac au dos. On nous fit prendre la direction de Milan. Au bout de deux heures et demie de marche, on nous fit camper dans un champ de blé, pour attendre les événements. On commençait à entendre le canon. Il y avait à peine une heure et demie que nous nous reposions, quand un aide de camp vint avertir le général de division de partir immédiatement. Les gamelles furent renversées, les tentes enlevées ; une demi-heure après, nous étions en route : nous courions plutôt que nous ne marchions. Une heure et demie après, nous étions sur le pont du Tessin, que les Autrichiens avaient tenté de faire sauter : c'est là que le feu avait été ouvert, car je vis quelques blessés ; nous commencions à voir de quoi il retournait.

» L'Empereur nous vit arriver au pas gymnastique ; il parut satisfait : j'ai remarqué qu'il souriait. Nous avions le pied en Lombardie ; nous entendions la canonnade et la fusillade bien distinctement. Un aide de camp vint nous prévenir de nous porter sur le flanc droit. On quitta la route pour prendre la plaine ; on hâtait le pas, la fusillade se rapprochait de plus en plus : je commençais à croire qu'il fallait en découdre. Nous étions déjà harassés de fatigue, tout le monde se taisait d'un commun accord. Une élévation, occasionnée par le chemin de fer, nous barrait le passage ; les cris : *En avant!* partirent de toutes parts, les tambours et clairons commencèrent à battre la charge ; enfin, nous arrivâmes au sommet tout haletants. D'après les blessés rencontrés à chaque pas, l'affaire devait être sérieuse. Les Autrichiens menaçaient de nous tourner, il était temps que la division arrivât : ça les fit arrêter.

On commença le feu. Une heure après, on ne se reconnaissait plus, le régiment était confondu, chacun travaillait de son mieux. J'avais à peine brûlé dix cartouches que je vis sept à huit Autrichiens à une vingtaine de pas de moi; j'avais un sous-lieutenant qui me suivait de près; je m'élançai à leur poursuite, espérant *jouer de la fourchette* et en abattre quelques-uns, lorsque tout à coup je me sentis frappé; j'essayai de faire quelques pas de plus, ce me fut impossible, je m'affaissai; les balles tombaient comme la grêle à côté de moi; j'eus la force, à l'aide de mes mains, de me mettre à l'abri du feu. Je restai jusqu'au soir dans cette position.

» Pendant que j'étais couché par terre, je vis passer beaucoup de blessés : le premier que j'aperçus fut le lieutenant-colonel Bigot, blessé aux jambes; je vis ensuite mon capitaine, blessé à la tête, puis un sergent de ma compagnie qui avait reçu une balle dans le bas-ventre, mais qui pouvait marcher. Vers les sept heures, je reconnus le porte-drapeau : je l'appelai et le priai de me faire transporter à l'ambulance. Dans le même moment passaient une quarantaine de prisonniers autrichiens : il donna l'ordre qu'on me relevât. Comme j'avais la fièvre, il fit retirer la capote de quatre Autrichiens pour me couvrir. Ces quatre Autrichiens me transportèrent à la première ambulance, où j'arrivai entre huit et neuf heures. On avait allumé de grands feux, et, à mesure que les blessés arrivaient, on les plaçait alentour; je fus pansé, en arrivant,

par un médecin qui ne put trouver la balle...

» Je me trouve maintenant à l'hôpital de Novare, où je suis très-bien. Les médecins sont remplis d'attention pour les blessés, les employés y sont très-affables; à sept heures, on nous donne une petite soupe; à onze heures, un potage au vermicelle, une portion qui en ferait trois ordinaires, moins de pain que de viande, un verre de vin; le soir, à six heures, une soupe au pain, une portion comme le matin. Beaucoup de dames de la ville viennent journellement nous visiter; elles nous distribuent des oranges, des gâteaux, des bonbons, des cigares; la plupart de ces dames sont très-aimables, parlant assez le français pour causer. Ce n'est que le 9 qu'on m'a donné un lit; il y avait cinq jours que je conchais par terre.

» Je ne puis pas te donner des détails précis sur la bataille : ce n'est pas toujours celui qui est le plus près qui voit le mieux; du reste, les journaux te les auront donnés. Tout ce que je regrette, c'est d'avoir été si promptement blessé; je m'étais promis de leur faire voir l'escrime à la baïonnette, méthode Chassin; j'avais la plus belle occasion *de jouer de la fourchette;* imagine-toi vingt Autrichiens fuyant comme des moutons, se jetant les uns sur les autres, ne sachant où donner de la tête! Enfin, d'autres ont achevé la besogne pour moi. Tu vois, mon pauvre père, que je n'ai pas de chance; au commencement d'une si belle bataille être blessé de manière à ne pas pouvoir courir au feu quelques heures après.

Ne t'inquiète pas de ma blessure ; les médecins m'ont dit qu'il n'y avait rien à craindre, à moins d'événements extraordinaires. Souhaite seulement que je puisse bientôt reprendre ma place dans les rangs et me battre encore pour l'Empereur et la France.

» Ton fils, H. GRAVIER.

» *P. S.* Quand ma balle sera extraite, je te l'enverrai. »

Un lieutenant du 3e de zouaves écrit à son frère, le lendemain même du jour où, à la suite de la bataille de Magenta, il a été amputé du bras droit :

« Verceil, le 7 juin 1859.

» Mon cher Philippe, j'emprunte une main étrangère pour te rassurer sur mon existence. Je suis à l'hôpital de Verceil pour la guérison de mon bras droit, qui, dans ce moment, s'amuse à courir sur le champ de bataille. Il ne me reste de lui qu'un tout petit moignon qu'un biscaïen et les docteurs ont bien voulu me laisser, pour me consoler de la perte du reste. Le traitement marche bien et j'espère être bientôt guéri. Rassure toute la famille sur mon sort. Quant aux conseils qu'Emile me demande relativement à l'état militaire, je crois que ce qu'il a de mieux à faire, c'est de suivre son inspiration. S'il vient au régiment, il sera bien reçu par moi.

» Ton frère, D. »

La lettre est signée de la main gauche, par l'amputé lui-même. Cet officier, qui compte une campagne en Algérie, a reçu une médaille d'honneur pour avoir sauvé, au péril de sa vie, un homme qui se noyait dans la Seine, le 24 juillet 1842.

Maintenant un mot de consolation aux familles qui ont des blessés dans l'armée ou qui pourraient en avoir.

Un sergent-major écrit à ses parents :

« Je suis sur le dos, une balle m'a traversé la jambe droite au-dessus du genou, vers les cinq heures du soir, et je suis tombé ; les Autrichiens m'ont encore tiré quelques coups de fusil, mais ils ne m'ont pas touché, ils ne sont pas adroits. Un moment j'ai été sur le point d'être fait prisonnier ; mais, grâce au courage de trois camarades, j'ai été enlevé de leurs griffes.

» Nous sommes arrivés à Milan par le chemin de fer, et nous avons été transportés sur des civières, aux acclamations de toute la population qui se pressait sur notre passage et nous couvrait de fleurs ; les dames nobles rivalisent de zèle ; nos moindres désirs sont satisfaits ; si l'on ne souffrait pas un peu, il y aurait un vrai plaisir à être blessé.

» A Magenta, un zouave à lui tout seul a fait cinq prisonniers, et il n'a même pas eu beaucoup de peine. En fouillant dans une maison, il ouvre une chambre et trouve cinq Autrichiens. Ceux-ci n'avaient plus de munitions : ils avaient tiré toutes leurs cartouches par la fenêtre. Le zouave se place à la porte, la baïonnette en avant, sans mot dire : il ne

savait pas assez d'allemand pour dire :
« Rendez-vous ! » Les Autrichiens
comprirent et ne se firent pas prier.

» Le lendemain, du combat, les
zouaves ont enterré ceux de leurs camarades qui ont succombé. Une vaste
fosse, creusée sur une petite éminence, a reçu leurs restes mortels;
puis, lorsqu'ils eurent été recouverts
par la terre, tous les assistants se sont
agenouillés. Après une courte prière,
ils ont dit d'une voix émue, et avec
l'expression d'un profond sentiment
religieux, adieu à leurs frères d'armes. « Camarades, s'est écrié un sergent, que Dieu vous reçoive ! A vous
aujourd'hui, à nous demain!... »
Après ces simples et touchantes paroles, tous se sont éloignés pour rentrer dans leurs cantonnements.

» Une heure après, le clairon son-
nait, et, dans le quartier des zouaves,
retentissaient ces mots sur l'air des
Lampions, bien connu des Parisiens :
« *V'là l'rata.* » — Ce qui veut dire :
Voici l'heure de la soupe. »

Maintenant la parole est à un soldat
du 85e de ligne :

« — Est-ce que votre régiment n'a
pas donné hier à Buffalora ? lui demande quelqu'un. — Oh ! oui, répondit-il ;
et il a si bien donné qu'il n'en est pas
mieux portant pour ça. Nous avons
beaucoup souffert, nous et le 52e qui
se battait à notre gauche. — Pourquoi
vous trouvez-vous ici ? — Voilà la chose, dit le clairon. Mon colonel, M. Vé-
ron de Bellecourt, a reçu huit blessures pendant que nous étions à nous
chamailler avec les Autrichiens. Le

lieutenant-colonel ayant été gravement
blessé lui-même, le colonel, qui ne pouvait plus se tenir à cheval, ne savait à
qui remettre le commandement, lorsque le chef du second bataillon, frappé
d'un éclat d'obus à la jambe, un bon
officier, ma foi ! nommé M. Taconnet,
s'approche du colonel et lui dit : « Je
suis blessé, mais ça ne fait rien, colonel, et, si vous voulez, je suis votre
homme. — Ça va, » dit le colonel.
Pour lors, il m'appelle : « Pajol, allons-
nous-en ! » Je mets le colonel dans une
voiture et je l'amène ici. Ce matin, il
est parti pour Novare, et moi je retour-
ne à la gamelle. C'est égal, continua-
t-il, je suis content parce que le colonel
n'en mourra pas. Malheureusement, il
est perdu pour le régiment. Tout le
monde dit qu'il va être fait général...

» Je me suis battu en Afrique et en
Crimée, continua le clairon, mais nulle
part ça n'a été plus chaud qu'hier. Figu-
rez-vous que, pendant que nous nous
chicanions avec un régiment de Croates, voilà que je mets la main sur un
officier. Je le tenais à deux pas au bout
du canon de mon fusil. «Rendez-vous,
capitaine, que je lui dis. — Non ! qu'il
répond. — Vous avez tort ; rendez-
vous ! — Non. — Une fois... deux
fois... — Non ! non ! » Pour lors, je
lâche la détente et je l'abats. Eh bien !
ça m'a fait de la peine, c'était un beau
garçon de vingt-cinq ans ; il avait peut-
être une famille. »

» — Et parmi vos officiers, lui de-
manda l'un de nous, y en a-t-il beaucoup qui aient succombé ? — Cinq
tués, dit-il, puis le colonel blessé, le
lieutenant-colonel blessé, et deux chefs
de bataillon blessés. Ah ! reprit-il, et le

drapeau que j'oubliais; lui aussi a été *blessé.* — Le porte-drapeau? — Non, le porte-drapeau n'a rien eu, mais le drapeau a été *blessé,* et crânement, de deux balles. Il avait déjà reçu trois blessures en Crimée, ça lui en fait cinq, mais il est encore solide.

» La bataille est chose terrible, mais ce qui est triste, ce sont les débris d'un combat, c'est le champ de bataille le lendemain d'une victoire.

» Sur la route, nous avons rencontré les blessés que l'on ramenait sur des brancards, dans les voitures requises à cet effet, ou bien à dos de mulet. Je les voyais tristes, silencieux et résignés; ils avaient des bras fracturés par les balles, des jambes broyées, des blessures au visage. Les uniformes étaient déchirés, tachés de sang.

» Quelques uns, ne pouvant supporter le contact du vêtement, étaient à

La Marmora.

moitié nus, et nous apercevions les plaies de leurs poitrines sanglantes. Mais ils ne proféraient aucun gémissement, et se montraient aussi courageux à souffrir qu'ils s'étaient montrés ardents à la bataille.

» Vers le milieu du trajet, nous avons rencontré un convoi de zouaves escortant une civière. Sous la toile qui la recouvrait entièrement, on voyait se dessiner une forme de corps hu-

main. Une main pâle pendait et oscillait au mouvement de la marche. Un képi de commandant était placé sur la civière. Nous avons salué. Le triste défilé de blessés et de mourants continuait toujours.

» Quand ce n'étaient pas des Français, c'étaient des Autrichiens, dont on transportait des tombereaux remplis à l'hôpital de Milan. Parfois, sur la même civière, des zouaves et des

Croates, couchés côte à côte, se regardaient sans haine et tristement.

» A l'entrée du village, nous sommes entrés dans le cimetière, où j'ai ressenti au cœur ce même frisson d'horreur qui m'avait saisi sur le champ de bataille de Magenta.

» Il y a là, empilés les uns sur les autres, plus de deux cents cadavres.

» Des paysans creusaient dans la terre des fosses larges et profondes ; c'est là qu'ils entassaient les morts. Des soldats aidaient tristement à cette funèbre opération ; ils ensevelissaient sous la même couche de terre leurs camarades et leurs ennemis.

» Dans le village, les maisons étaient criblées de balles. Les habitants, pour la plupart, s'étaient enfuis ; il ne restait plus que quelques hommes requis pour la corvée du cimetière, et des femmes qui se montraient timidement au seuil de leurs portes, pâles encore des frayeurs de la veille.

» J'ai visité cette petite place où avait eu lieu le combat le plus sanglant. Là encore des cadavres d'Autrichiens ; il y en avait partout ; on en avait sous les pieds en marchant. On aurait dit tout un bataillon fatigué, couché sur la terre pour prendre un peu de sommeil. On avait fait un tas de leurs armes, de leurs shakos, de leurs sacs. Des soldats du 38e de ligne montaient la garde autour de ces débris.

» On avait mis les blessés dans l'église. Ils y avaient passé la nuit sous la protection de Dieu même.

» Quelques-uns y étaient morts. Plusieurs allaient mourir quand nous sommes entrés dans l'église.

» Un prêtre était occupé à donner les derniers sacrements à un zouave couché sur un peu de paille. Toute la nef était remplie de blessés que l'on emportait sur des civières.

» J'ai recueilli à Maleguano, de la bouche même de quelques soldats du 1er de zouaves, si maltraité dans cette affaire, des détails que vous ne trouverez pas dans les bulletins. C'est un factionnaire du 78e de ligne qui a fait prisonnier, à lui tout seul, une compagnie d'Autrichiens. Faisant sa faction à l'entrée du bourg, il voit venir de loin leurs uniformes blancs. Il ne donne pas l'alarme, mais il recule lentement, pas à pas, jusqu'à son capitaine, et lui dit tout bas à l'oreille : « Mon capitaine ! les Autri-
» chiens ! »

» Le capitaine ne souffle mot ; il fait cacher le factionnaire, prend deux compagnies, arrive tout doucement derrière les maisons. Les Autrichiens passent en s'étonnant de ne rencontrer personne, et se trouvent pris entre les deux compagnies et la grand'garde. Ils se sont rendus. »

Inutile de dire que l'Empereur a joué son rôle dans ce grand fait d'armes. C'est lui qui a tout dirigé, qui a même ordonné cette marche si habilement exécutée par le général de Mac-Mahon.

C'est le commandant Schmitt, un des officiers d'ordonnance de Sa Majesté, qui a été porter cet ordre au galop à travers champs et en arrivant au milieu de la mitraille.

Les soldats ont admiré le sang-froid

de l'Empereur, son intrépidité calme, ce geste impératif, un certain regard fulgurant qu'on ne lui avait jamais vu, et, parfois, d'énergiques paroles qui électrisaient le soldat. Le grand politique s'est révélé grand capitaine. Rien ne manque à sa gloire ; il est tout à fait à la hauteur de son nom ; il a passé son pont d'Arcole et a gagné sa bataille de Marengo. L'armée s'effrayait de le voir, dédaigneux du danger, s'exposer au feu de la mitraille.

Le plan général de la campagne, cette sage lenteur, cette habile stratégie qui a conduit l'ennemi au point où il devait recevoir sa terrible leçon, la lucidité et la présence d'esprit dans les moments décisifs, voilà qui révèle un tacticien de race et la manifestation glorieuse d'un génie qui ne s'est pas éteint avec le premier Napoléon.

———

Nous extrayons les passages suivants d'une lettre écrite par un sous-officier du 3e régiment de grenadiers de la garde impériale, à un de ses camarades du 3e bataillon, resté en garnison à Paris :

Hôpital de Turin, le 7 juin 1859.

» Nous avons accompagné l'Empereur à Alexandrie, à Verceil, à Novare et à Trécate. Nous espérions toujours avoir une entrevue avec messieurs les Autrichiens ; mais ils partaient généralement le matin du gîte où nous arrivions le soir, après avoir tout détruit sur leur passage : ponts, chemins de fer, lignes télégraphiques, etc., accablant d'impôts les malheureux habitants du pays, et leur enlevant leurs bœufs, leur pain, leur vin, et jusqu'à leur tabac. C'était vraiment pitoyable à voir.

» Notre brigade (2e et 3e grenadiers) quitta Trécate, le samedi 4 juin, à sept heures du matin, et, après deux heures de marche, nous traversâmes le Tessin avec un peu d'encombre. Un beau pont de pierres avait été miné ; mais deux arches seulement s'étaient affaissées, et, après une réparation, accomplie comme en un clin d'œil, nous avons pu passer avec deux pièces d'artillerie (modèle 1858).

» Le régiment est aussitôt allé en reconnaissance avec trois compagnies déployées en tirailleurs, et nous avons rencontré les Autrichiens établis dans une redoute et des retranchements construits par eux près du village de Magenta. Au même instant nous reçûmes l'ordre d'enlever ces positions.

» Il était alors onze heures du matin, le soleil était brûlant et nos sacs étaient lourds ; n'importe, nous prîmes le pas gymnastique et nous courûmes à l'ennemi. Notre élan toutefois se trouvait à chaque instant forcément ralenti ; tous les vingt ou trente mètres, il nous fallait traverser des fossés remplis d'eau ; mais bientôt le cri de : *Sac à terre et à la baïonnette!* se fait entendre ; tous les grenadiers le répètent, puis, débarrassés de leurs sacs, se précipitent en avant. Arrivés au pied de la hauteur fortifiée occupée par les Autrichiens, nous sommes assaillis par une pluie de mitraille ; mais, en quelques instants, le 3e grenadiers et son drapeau sont dans la redoute que l'ennemi abandonne, en prenant la fuite, pour se réfugier dans une seconde redoute occupée aussi, construite en arrière de la première, et la protégeant.

» Une fois dans cette position, il nous mitraille de nouveau, et de nouveau, aussi, nous marchons sur lui baïonnette en avant; mais les Autrichiens, dix fois plus nombreux que nous, résistent opiniâtrément cette fois, et nous sommes obligés de battre en retraite et de rentrer dans la première redoute, en attendant du renfort.

» Quoi qu'il en soit, le régiment a attaqué, s'est battu seul pendant plus d'une heure, et a enlevé, avec douze cents hommes environ (car nous avions des détachements sur d'autres points), une position retranchée défendue par plus de quinze mille Autrichiens. Le 3e grenadiers, enfin, s'est conduit d'une manière admirable, et tout le monde, dans ses rangs, a fait son devoir. Beaucoup ont arrosé de leur sang la plaine qui a été témoin d'un aussi beau fait d'armes. Je suis au nombre des blessés. Atteint d'une balle dans la jambe gauche, je voulais marcher encore, mais mon sang coulait avec abondance, et ma guêtre blanche en était teinte. Je me suis senti faiblir et j'allais tomber, quand M. D..., notre brave docteur, est venu à mon secours et m'a pansé. Les cantinières étaient là qui le secondaient de leur mieux. Ces femmes courageuses portaient à boire aux blessés, sous les balles de l'ennemi. J'ai été, comme tous les autres blessés, évacué sur Novare, où nous avons passé la journée du 5, et hier, à onze heures du soir, nous sommes arrivés à Turin. J'espère pouvoir bientôt reprendre mon service, etc.

» HENRI D***, sergent au 3e régiment de grenadiers de la garde impériale, à Turin. (Armée d'Italie.) »

————

La lettre qui précède est d'un sous-officier. En voici une écrite par un soldat. Nous lui laissons tout son cachet :

Milan, 9 juin, 4 heures du soir.

« Mon vieux camarade, que n'étais-tu là ! tu aurais vu un beau tableau. Je veux parler de la bataille du 4 juin. Ce jour-là la compagnie descendait de grand'garde, de Trécate, à deux lieues du Tessin. Nous partîmes à sept heures du matin, et, à dix heures, nous étions de l'autre côté du fleuve. Après cinq minutes de repos, nous avançâmes, et la compagnie fut déployée en tirailleurs. Nous fîmes à peu près deux kilomètres. A ce moment-là, Pépin disait au caporal Ménard : « Ah! bien oui, les Autrichiens ! nous ne les joindrons pas aujourd'hui, ils sont à plus de dix lieues d'ici. » Mon vieux ! il n'avait pas lâché la dernière syllabe, qu'un coup de canon parti d'une redoute occupée par les Autrichiens, lui donnait un démenti formel. Après le boulet, les balles et les fusées suivirent. Le général Wimpffen accourut alors et dit à notre colonel : Colonel, enlevez-moi cette position avec votre régiment. — Nous marchâmes aussitôt en avant; mais lorsque les Autrichiens nous virent à bonne portée, les boulets, les balles et les fusées se mirent à pleuvoir sur nous comme la grêle, et cinq à six de ces fusées arrivèrent en sifflant comme des serpents au milieu de nos bataillons. Quelques grenadiers se baissèrent pour les éviter; mais le colonel, en les voyant, s'écria : — Qu'est-ce que c'est que ça, grenadiers!!! Oh! alors, mon vieil ami, les grenadiers relevèrent la tête, et répondirent au colonel par le cri de *vive l'Empereur!* et à la baïonnette!... Quelques instants après, la redoute était prise et l'ennemi fuyait.

» Cependant, les Autrichiens nous voyant peu nombreux, revinrent à la charge. Trois fois ils nous attaquèrent et trois fois ils furent repoussés. Enfin, nous allions être *ratibaisés*, quand les zouaves de la garde arrivèrent, puis d'autres corps. Mais l'Autrichien, de son côté, fit avancer de Milan des forces considérables, tandis que, du nôtre, Canrobert et d'autres encore arrivaient, de façon qu'à sept heures du soir deux cent mille hommes environ se trouvaient aux prises. Enfin, cela dura jusqu'à dix heures du soir, et l'ennemi perdit la bataille.

» En montant à l'assaut, nous perdîmes beaucoup de monde; mais c'est égal, le 3ᵉ grenadiers s'est crânement battu tout de même, et le colonel Metman n'a pas froid aux yeux, je t'en réponds. On parle beaucoup de nous dans l'armée, et quand on vous dit : — De quel régiment de grenadiers êtes-vous? — Du 3ᵉ. — Ah! b....., répond-on, vous avez été rudement étrillés. — Nous avons été complimentés de tout le monde. Canrobert a dit : — Comment, c'est le 3ᵉ grena-diers qui a enlevé cette redoute? Honneur au 3ᵉ grenadiers!

» En arrivant à Milan, nous avons été couverts de fleurs, de bonbons, de vivats et de tout le tremblement par la population. Les jeunes filles nous baisaient les mains; cela m'allait assez.

» Ton ami dévoué, L...,

» Soldat au 3ᵉ grenadiers de la garde, à Milan. (Armée d'Italie).

» *P. S.* Bonjour aux camarades. Le futur à Lisa, le vieux Stanislas, le tambour, a été tué. Adieu le mariage!

« P... a encloué un canon. Il est porté pour la *cocotte.* »

———

Voici une délicieuse lettre de soldat laboureur, vrai héros selon le cœur de la *Gazette des Campagnes :*

« Monsieur V...,

» Veuillez recevoir ces deux mots de lettre que je vous présente aujourd'hui 15 juin. Nous sommes à Plaisance et n'attendons que le moment de partir pour aller à Mantoue.

» Je peux vous dire qu'il y avait 16,000 Autrichiens à Plaisance, et qu'ils ont déguerpi trois jours avant notre arrivée. Ils ont laissé quinze pièces de canon, et jeté le reste dans le Pô; si bien que nous sommes entrés l'arme au bras.

» Je peux vous dire qu'à notre entrée dans Plaisance, tous les civils criaient : *Vive l'Empereur! vive la France! vive l'Italie!* Les dames nous prenaient par-dessous le bras, d'aucunes voulaient même nous embrasser; elles étaient toutes à leur porte, nous offrant du vin à boire. Quelle chance d'être regardés comme cela ! Ça ne durera pas, puisque nous allons prendre Mantoue, et qu'il faudra une grande bataille. On dit que ce sera bien rude, mais que nous en viendrons à bout.

» J'ai traversé les pays de la guerre. Quel massacre dans les champs de blé, dans les fourrages, dans les vignes ! c'était tout à plat. Nous marchons beaucoup, et nous peinons sous la chaleur. Ce qui nous fatigue surtout, c'est d'avoir un poids trop lourd sur le dos. Quelquefois, par-dessus le sac, nous avons pour huit jours de vivres; comptez en tout 70 livres sur le dos : il faut faire étape avec cela.

» Je puis vous dire que jamais de ma vie je n'ai vu un pays pour avoir de si belles prairies et de si beaux froments. Il y a aussi des champs de riz comme chez nous des champs de seigle. La guerre n'a pas tout abîmé.

» Nous sommes passés à Pavie. Là encore nous avons été bien regardés. Les bourgeois de la ville nous ont donné à tous, chacun à chacun, un demi-litre de vin, du fromage et du saucisson. Ça ne nous a pas coûté un sou. Et qu'est-ce que faisaient les dames ? Les dames nous prenaient le bras et nous promenaient par la ville. Quelles belles dames il y a dans l'Italie ! Elles portent des crinolines comme en France, mais les robes sont plus brillantes. J'ai remarqué aussi qu'il y a des églises cent fois plus riches qu'en France. Tout le dedans est soufflé d'or.

» Monsieur V..., je vous prie de me dire si vos seigles et vos froments, ainsi que vos prairies artificielles ont bien réussi, si c'est beau et bien venu. Ça me fera plaisir d'apprendre comment vous aurez fait la moisson. Car tout en marchant à l'ennemi, je n'oublie pas le pays, ni le plaisir de vous revoir. Vous ferez bien de me faire réponse, car, plus je reçois de lettres, plus je suis content, éloigné comme je le suis de mes parents et amis. Au reste, n'affligez point mes parents de la guerre. Je suis en très-bonne santé, et j'ai entendu dire dans la compagnie qu'après une bonne bataille, que nous allons gagner, ça finirait par un accord.

———

Voici maintenant un trait de singulière originalité.

Au dernier engagement de nos troupes, un vieux soldat se battait en désespéré, renversant tout ce qu'il rencontrait, frappant de la baïonnette et frappant de la crosse. Mais, chose étrange ! à peine avait-il abattu un ennemi, qu'il se baissait quelques minutes, puis il se relevait et continuait de frapper de plus belle.

L'affaire terminée, un de ses officiers lui dit :

— Ah çà, qu'avais-tu donc tout à l'heure ?

— Excusez, mon lieutenant, mais c'est une drôle d'histoire, voyez-vous, rapport à mon soulier.

— Comment, ton soulier ?

— Oui, mon lieutenant. Imaginez-vous qu'en traversant ce diable de marais là-bas, v'là ma jambe qui s'enfonce, que je croyais ne plus pouvoir

la retirer. Dame, les balles sifflaient !
— Et comment t'y es-tu pris ?
— Oh ! soyez tranquille ! je fais un effort, je tire ma jambe, mais mon coquin de soulier reste dans le trou bourbeux ; impossible d'avoir de ses nouvelles. Un pied chaussé, l'autre nu, vous comprenez, c'était gênant pour courir ! Bêta que tu es, que je me dis, le premier Autrichien que tu rencontreras se fera un plaisir de t'offrir un des siens.
— Excellente idée, dit l'officier. Et t'en a-t-on offert un ?
— Vous allez voir, mon lieutenant. Le premier que je trouve, c'était un blessé ; je m'dis : Ce serait un péché de lui prendre sa chaussure, à cet homme-là. Tâchons de voir à un autre. Comme je me disais ça, je vois un grand gaillard qui m'ajuste ; je le laisse faire ; il me manque ; je cours à lui : v'lan ! Quand il est par terre, je veux mettre un de ses souliers, impossible ! c'était un peu étroit, vu que je n'avais pas de corne. Je cours à un autre : v'lan ! J'essaie, trop étroit. Un troisième, un quatrième, toujours trop étroit ou trop court. J'en ai essayé dix-huit ! Si ce n'est pas à faire rager, des hommes de cinq pieds six pouces ! Je n'ai pourtant pas le pied grand ; d'où ça peut-il venir ?
— Imbécile ! reprit l'officier, ne vois-tu pas que les Autrichiens étaient tous dans leurs petits souliers.

CHAPITRE III.

Bataille de Melegnano ou Marignan.

Après la bataille de Magenta notre armée marchait droit sur Milan, capitale de la Lombardie. En avant sur la droite, le corps d'armée du maréchal Baraguey-d'Hilliers dépasse Milan, serre de près l'ennemi qui bat en retraite, et atteint le corps commandé par Benedeck sur la route de Lodi, dans un petit endroit nommé aujourd'hui Melegnano, mais connu dans l'histoire sous le nom glorieux pour nous de Marignan. Je dis glorieux pour nous, parce que le roi François Ier gagna une grande bataille en cet endroit en 1515. Ainsi Marignan, comme Montebello, est deux fois célèbre dans les annales militaires de la France.

Melegnano possède de vieilles fortifications dont Benedeck voulait tirer parti pour couvrir la retraite de l'armée autrichienne. Cette position étant assez importante, le maréchal Baraguey-d'Hilliers s'y porta rapidement pour en déloger l'ennemi avant qu'il pût s'y fortifier.

Le 8 juin, à quatre heures du soir, les divisions Bazaine et Ladmirault attaquèrent la place de front pendant que la division Forey devait la tourner. Le combat fut très-vif et dura trois heures. L'ennemi fit une trèsvigoureuse résistance. Comme à Montebello, chaque maison fut le théâtre d'un siége, puis d'une lutte corps à corps. Enfin, chassé à la baïonnette de toutes ses positions, l'ennemi se retira sur les sept heures, laissant le terrain couvert de morts et de blessés : nos soldats ont pris un canon et 1,200 prisonniers.

Ce combat, qui est une petite bataille, nous a coûté un millier d'hommes, tués et blessés. Mais l'effet en a été démoralisant pour les Autrichiens. Ils ont précipité leur mouvement de retraite sur la rivière l'Adda, détruit les ponts sur leur passage et évacué les places fortes de Lodi et de Pavie. Ils ont également évacué Plaisance, dont ils ont fait sauter la citadelle. Benedeck craignait de voir son corps d'armée séparé de celui de Schwartzenberg, ce qui, en effet, aurait pu arriver.

Voici le rapport du maréchal Baraguey d'Hilliers, qui commandait les troupes françaises dans cette affaire :

« Melegnano, 10 juin.

» Sire,

» Votre Majesté m'a donné l'ordre, hier, de me porter avec le 1er corps sur la route de Lodi, de chasser l'ennemi de San-Juliano et de Melegnano, en me prévenant que, pour cette opération, elle m'adjoignait le 2e corps, commandé par le maréchal de Mac-Mahon.

» Je me suis porté immédiatement à San-Donato pour m'entendre avec le maréchal, et nous sommes convenus qu'il attaquerait avec sa 1re division San-Juliano ; qu'après en avoir déposté l'ennemi, il se dirigerait sur Carpianello pour passer le Lombro, dont les abords sont très-difficiles, et que de là il se dirigerait sur Mediglia.

» La 2e division devait prendre, à San-Martino, la route qui, par Trivulzo et Casanova, la conduisait à Bettola et se dirigeait sur la gauche de Mediglia, de manière à tourner la position de Melegnano.

» Il fut convenu que le 1er corps se dirigerait tout entier sur la grande route de Melegnano, enverrait à droite, au point indiqué sur la carte « Betolma, » la 1re division qui, passant par Civesio, Viboldone, irait à Mezzano, établirait sur ce point une batterie de 12 pièces pour battre Pedriano d'abord, et plus tard le cimetière de Melegnano, où l'ennemi s'était retranché et où il avait établi de fortes batteries ;

» Que la 2e division du 1er corps, après avoir quitté San-Juliano, se porterait sur San-Brera et y établirait également une batterie de 12 pièces pour battre le cimetière et enfiler la route de Melegnano à Lodi ;

» Qu'enfin la 3e division du même corps se dirigerait directement sur Melegnano et enlèverait la ville, concurremment avec les 1re et 2e divisions, dès que le feu de notre artillerie y aurait jeté du désordre.

» La 1re division, laissant Melegnano sur sa gauche, eut ordre de se porter sur Cerro, la 2e et la 3e sur Sordio, où elles devaient se mettre en rapport avec le 2e corps, qui, par Dresano et Casalmajocco, s'y dirigeaient également.

» Pour que ces combinaisons pussent avoir un plein succès, il fallait que le temps ne manquât pas à leur développement, et, en me prescrivant d'opérer le jour même de mon départ de San-Pietro-l'Olmo, Votre Majesté rendait ma tâche plus difficile, car la tête de la 3e division du 1er corps ne put entrer en ligne qu'à trois heures et demie, tant la route était embarrassée par les convois des 2e et 4e corps. Cependant, à deux heures et demie, je donnai l'ordre au maréchal de Mac-Mahon de marcher sur San-Juliano : il n'y trouva pas l'ennemi, passa le Lombro à gué, quoiqu'un pont fût indiqué sur la carte à Carpianello, et continua son mouvement sur Mediglia.

» A cinq heures et demie, la 3e di-

Garibaldi.

vision du 1er corps arriva à environ 1,200 mètres de Melegnano, occupé par l'ennemi, qui avait élevé une barricade à environ 500 mètres en avant sur la route, et avait établi des batteries à l'entrée même de la ville, derrière une coupure, à hauteur des premières maisons. J'ordonnai au général Bazaine de disposer sa division pour l'attaque : un bataillon de zouaves fut jeté en avant et sur les flancs en tirail-leurs. L'ennemi nous accueillit par une canonnade qui pouvait devenir dangereuse, parce que ses boulets enfilaient la route sur laquelle nous devions marcher en colonne. Notre artillerie répondit avec succès à celle des Autrichiens, et le général Forgeot, avec deux batteries et les tirailleurs de la 1re division à Mezzano, appuya sur notre droite l'attaque que nous allions faire. Je fis mettre les sacs à terre et lancer au pas de course sur la batterie ennemie le 2ᵉ bataillon de zouaves, suivi par toute la 1ʳᵉ brigade. Les Autrichiens avaient garni d'une nuée de tirailleurs les premières maisons de la ville, la coupure de la route et le cimetière, et cependant ils ne purent résister à l'élan de notre attaque, battirent en retraite à droite et à gauche, firent une vigoureuse résistance dans les rues, au château, derrière les haies et les murs des jardins, et furent complétement chassés de la ville à neuf heures du soir.

» La 2ᵉ division, à son arrivée près de Melegnano, prit à gauche de la 3ᵉ, suivit la rivière et prit ou tua les ennemis que nous avions déjà chassés de haut de la ville et dépassés. Le maréchal de Mac-Mahon put même envoyer aux Autrichiens des balles et des boulets sur la route de Lodi ; il s'était porté, au bruit de notre fusillade, à Colognio.

» La résistance de l'ennemi a été vigoureuse. On s'est plusieurs fois abordé à la baïonnette ; dans l'un des retours offensifs des Autrichiens, l'aigle du 33ᵉ, un instant en péril, a été bravement défendue.

» Les pertes de l'ennemi sont considérables ; les rues et les terrains avoisinant la ville étaient jonchés de leurs morts ; 1,200 blessés autrichiens ont été portés à nos ambulances ; nous avons fait de 8 à 900 prisonniers et pris une pièce de canon. Nos pertes s'élèvent à 943 hommes tués ou blessés ; mais, comme dans tous les engagements précédents, les officiers ont été frappés dans une large proportion : le général Bazaine et le gé-

néral Goze ont été contusionnés ; le colonel du 1ᵉʳ de zouaves a été tué ; le colonel et le lieutenant-colonel du 33ᵉ ont été blessés ; il y a en tout treize officiers tués et 56 officiers blessés.

» J'ai l'honneur d'envoyer à l'Empereur, avec l'état de ces pertes, les propositions faites par les généraux de division et approuvées par moi. Je le prie d'y avoir égard et de traiter le 1ᵉʳ corps avec sa bienveillance habituelle.

» Je lui recommanderai particulièrement le colonel Anselme, mon chef d'état-major, proposé pour général de brigade ; le commandant Foy, dont le cheval a été blessé, et qui est proposé pour lieutenant-colonel ; le commandant Melin, proposé pour officier de la Légion-d'Honneur ; le capitaine de Rambaud, pour lequel j'ai demandé déjà de l'avancement, et M. Franchetti, sous-officier au 1ᵉʳ chasseurs d'Afrique, mon porte-guidon, qui a été blessé à mes côtés.

» Je suis avec respect, de Votre Majesté, Sire, le très-humble et très-fidèle sujet,

» *Le maréchal* BARAGUEY D'HILLIERS. »

Le combat de Melegnano a donné lieu à des scènes très-émouvantes. A cette expédition se rattache l'étonnant fait d'armes que raconte un chroniqueur :

Quatre compagnies se réunissent et entreprennent à elles seules un de ces coups de main hardis qui ne peuvent venir qu'à l'esprit d'un zouave et qui ne peuvent être exécutés que par ces

soldats d'élite. Cette poignée de zouaves décidés marche droit vers les
18,000 Autrichiens; ils les surpren-
nent dans leur camp, se précipitent,
comme des furieux au milieu des
tentes, bondissent de l'une à l'autre,
frappent et tuent de tous côtés. Une
panique immense s'empare de ces
pauvres Allemands pour qui le zouave
est devenu un objet de terreur; ils
croient que toute l'armée française
fond sur eux. Ils fuient, laissant tout
derrière eux, tentes et munitions. Ils
n'entendent même pas la voix des
officiers. Dans ce désordre, les
zouaves font main basse sur tout ce
qu'ils rencontrent et continuent la
chasse des Autrichiens jusqu'à ce
qu'il n'en reste plus un seul. Ils
prennent deux drapeaux.

Ils étaient un peu plus de cinq cents
hommes, et les Autrichiens étaient
dix-huit mille environ. Le nombre des
tentes a permis d'évaluer le nombre.

Ils ont laissé entre nos mains douze
cents prisonniers et une quantité de
morts qu'il est difficile d'évaluer. La
plupart des prisonniers avaient été
dirigés un matin sur Milan. Il en restait encore quelques-uns couchés sur
l'herbe, au milieu d'un pré et gardés
par des factionnaires. Ils avaient
parmi eux un jeune officier, cadet de
famille, à qui j'ai pu adresser
quelques paroles.

Il m'a dit qu'il avait vingt et un
ans, qu'il était de la Moravie, où ha-
bitait encore sa famille, et qu'il ser-
vait depuis l'âge de quinze ans. Je lui
ai demandé s'il était affecté de sa position. Il m'a répondu qu'il savait
avec quels égards les Français trai-
taient leurs prisonniers, mais qu'il
aimerait mieux avoir reçu une blessure grave, la mort même, que
d'avoir rendu son épée.

En revenant, nous avons trouvé
sur la route les calèches vides des plus
riches familles de Milan qui venaient
chercher les blessés.

Aux portes de la ville, des personnes placées par les autorités arrêtaient les convois et envoyaient les
blessés dans les maisons particulières
qui avaient réclamé l'honneur de les
recevoir.

Un drapeau autrichien, comme il
a été dit précédemment, a été apporté
à l'Impératrice par le colonel Schmidt.
S. M. a pressé le drapeau sur son cœur,
avant de l'envoyer à l'église des Inva-
lides.

L'Empereur, de son côté, a ordonné
que lorsqu'un régiment enlèverait un
drapeau à l'ennemi, le drapeau de ce
régiment serait décoré d'une croix de
la Légion d'honneur.

Maintenant quelques détails pris
sur les lieux :

« L'ennemi, s'enfuyant dans la
plaine, a eu derrière ses talons nos
plus agiles soldats, pendant que des
batteries de la division Forey, qui
était à la gauche, un peu en avant de
la division Ladmirault, envoyaient
une centaine de boulets et de boîtes
à balles. Chaque coup a porté; aussi
ne peut-on se faire une idée du spectacle qu'offraient en ce moment les
environs de Melegnano : les routes,
les fossés, les massifs étaient comblés
de cadavres ennemis; on en décou-

vrait à chaque instant. La pluie a changé les cours d'eau en torrents, et des vingtaines de cadavres ont été emportés au loin sans qu'on ait pu les arrêter.

» Les chutes dans l'eau sont venues ainsi augmenter les pertes de l'ennemi, et malheureusement le sort des noyés autrichiens a été partagé par quelques-uns de nos soldats.

» Les actions d'éclat ont été nombreuses : les officiers ont été admirables d'héroïsme ; ceux qui étaient à cheval ont été, encore cette fois, principalement atteints.

» J'ai vu un brave capitaine qui venait de subir l'amputation, et je n'ai pu m'empêcher de le plaindre. Il m'a répondu du ton le plus simple : « Je peux bien laisser une jambe ici, quand mon régiment laisse cent ou deux cents de ses meilleurs soldats. »

» Au moment où ces paroles m'étaient dites, passaient trois zouaves qui portaient des planches de sapin blanc. Ils allaient faire des cercueils pour quelques-uns de leurs officiers.

» Ah ! c'est à ce moment que j'ai mieux compris encore qu'un régiment était vraiment une famille pour l'officier aimé de ses soldats. — Oui, ces hommes à l'aspect si rude, au visage bronzé, ces hommes pleuraient !... Ils faisaient des cercueils pour les chefs qu'ils n'ont plus ! Quels soins dans l'ensevelissement ! Quelle piété et quel recueillement !... J'en suis à me demander vraiment si nos soldats, si braves et si courageux, n'ont pas encore plus de charité dans l'âme que de courage dans le cœur ! — Une mère n'eût pas mieux fait pour son enfant que les hommes qui déposaient en se signant le corps de leur officier dans le cercueil cloué par eux !

» Ma présence à cette triste cérémonie a excité quelque étonnement. Mais ils ont compris bientôt, ces honnêtes cœurs, qu'ils avaient avec eux un ami qui s'associait à leurs prières, et beaucoup m'ont remercié de m'être agenouillé comme eux. Dieu a entendu une voix de plus prier pour ces officiers à jamais regrettés !

» Le nombre des prisonniers faits dans cette journée peut être évalué de 1,000 à 1,200. Un premier convoi de 722 entrait à Milan au moment où je suis parti pour Melegnano. J'en ai trouvé près de 500 dans le village à mon arrivée, et on m'a parlé de la prise de deux canons. C'est surtout dans la plaine, au delà de Melegnano, que l'ennemi, foudroyé par les batteries Forey, a le plus souffert. Les prisonniers se sont faits dans l'intérieur du village. Aussi n'est-il pas rare de rencontrer des soldats qui se vantent, avec raison, d'avoir fait eux-mêmes jusqu'à cinq et six prisonniers. Officiers et soldats, chacun s'est mis à l'œuvre, et la prise des maisons ayant nécessité le concours de tout le monde, il n'est pas jusqu'aux généraux eux-mêmes qui n'aient pris part individuellement à l'action. M. le général de division Bazaine est loué par tous ses soldats, et M. le général de brigade Niel n'a pas dédaigné d'entrer dans les rangs et de prendre un fusil. Je tiens le fait de soldats qui ne tarissaient pas d'éloges à l'adresse de ces généraux, qui restent à leurs yeux « de fameux troupiers. »

————

Un caporal au 74e de ligne écrit de Marignan, le 10 juin :

« Nous entrions dans Milan, le 8, à 11 heures du matin, aux cris de vive la France, vivent les Français, vive l'Italie! Les fleurs pleuvaient sur nous ; chaque soldat portait un bouquet au bout de son fusil ; les femmes et les enfants nous embrassaient comme des libérateurs.

» Après une halte de deux heures employée à boire et à manger avec les gardes nationaux, le tambour bat la marche de la division, chacun va prendre sa place. Nous partons. Il faisait une chaleur si accablante que les soldats s'arrêtaient à toutes les portes pour boire... au moins de l'eau. Avec cela l'artillerie soulevait une poussière telle que l'on pouvait à peine respirer. Les chasseurs se déploient en tirailleurs devant Marignan et quelques compagnies du régiment avec eux ; les zouaves s'élancent sur la ville et marchent droit à l'ennemi, malgré la fusillade des Autrichiens embusqués dans les maisons, et les obligent à battre en retraite. Si nous n'avions pas eu un canal à traverser, nous les faisions tous prisonniers.

» Une demi-heure après, la pluie tombait par torrents, et nous sommes restés une partie de la nuit, au mauvais temps, pour rallier nos soldats égarés. Un caporal de ma compagnie était resté avec le génie pour construire un pont ; le travail fini, il voulut rejoindre le régiment. Mais il s'égara et tomba sur un poste ennemi fort de quatre hommes et d'un caporal. En le voyant, deux Autrichiens prennent la fuite ; il se bat avec les trois autres ; l'un d'eux dirige le bout d'un fusil sur sa poitrine, il détourne l'arme ; le coup part et lui coupe deux doigts. Notre brave fait feu à son tour, tue un Autrichien et, secouru à temps par des camarades, ramène prisonniers les deux autres. »

On trouve souvent des traits semblables dans notre armée.

A Valeggio, la grand'garde d'un régiment avait envoyé quatre hommes à l'eau, dans une ferme voisine ; ils se sont trouvés, sans armes, avec dix Autrichiens qui venaient armés pour le même motif. Nos hommes auraient dû se sauver. Point du tout : avec une audace toute française, ils les ont sommés de se rendre. Six se sont sauvés ; les quatre autres remirent leurs armes. Nos hommes leur firent puiser de l'eau pour eux, et l'arme autrichienne sur l'épaule droite, ils accompagnèrent *leur corvée* jusqu'au campement de la grand'garde. Les prisonniers ont été conduits au général.

CHAPITRE IV.

Entrée à Milan. — Proclamation de l'Empereur. — Bons soins pour les malades et pour les blessés. — Le prince Napoléon et son corps d'armée.

La bataille de Magenta nous avait ouvert le chemin de Milan, capitale de la Lombardie ; aussi, le 7 juin 1859, l'Empereur avec le gros de son armée faisait son entrée à Milan.

L'enthousiasme de cette ville tenait du délire. Chaque balcon était pavoisé, de chaque fenêtre pleuvaient sur nos soldats des monceaux de fleurs. Les maisons disparaissaient sous les tentures, les décorations, les drapeaux. Les femmes, les enfants se jetaient au cou de nos soldats ; les familles riches les emmenaient dans leurs voitures. Tout le monde voulait héberger et fêter les vainqueurs de l'Autriche. Pendant trois jours, Milan s'était livrée à une ivresse de joie et de reconnaissance indescriptible.

Le mercredi 8, l'Empereur et le roi de Piémont ont fait célébrer un *Te Deum* solennel dans la magnifique cathédrale de Milan. Ce monument, célèbre par sa majesté et ses broderies de marbre, est surtout vénéré comme possédant les restes de saint Charles Borromée, le saint Ambroise des temps modernes. Saint Ambroise et saint Charles Borromée sont deux gloires nationales et deux mémoires chères entre toutes à la cité milanaise.

A Milan l'Empereur adressa au peuple italien une proclamation qui comptera parmi les gloires de son règne et parmi les plus grandes pages de l'histoire. Jamais souverain victorieux n'avait encore parlé ce langage, n'avait professé si haut le désintéressement dans la victoire. L'Empereur convie les peuples d'Italie à l'indépendance ; il repousse avec fierté tout soupçon d'ambition vulgaire : il proclame cet axiome digne de notre temps : que l'on est plus grand aujourd'hui par l'influence morale que par les conquêtes matérielles.

« Italiens !

» La fortune de la guerre nous conduisant aujourd'hui dans la capitale de la Lombardie, je viens vous dire pourquoi j'y suis.

» Lorsque l'Autriche attaqua injustement le Piémont, je résolus de soutenir mon allié le roi de Sardaigne : l'honneur et les intérêts de la France m'en faisaient un devoir. Vos ennemis, qui sont les miens, ont tenté de diminuer la sympathie universelle qu'il y avait en Europe pour votre cause, en faisant croire que je ne faisais la guerre que par ambition personnelle, ou pour agrandir le territoire de la France. S'il y a des hommes qui ne comprennent pas leur époque, je ne suis pas du nombre. Dans l'état éclairé de l'opinion publique, on est plus grand aujourd'hui par l'influence morale qu'on exerce que par des conquêtes stériles, et cette influence morale je la recherche avec orgueil en contribuant à rendre libre une des plus belles parties de l'Europe. Votre accueil m'a déjà prouvé que vous m'avez compris. Je ne viens pas ici avec un système préconçu pour déposséder les souverains ni pour vous imposer ma volonté; mon armée ne s'occupera que de deux choses : combattre vos ennemis et maintenir l'ordre intérieur; elle ne mettra aucun obstacle à la libre manifestation de vos vœux légitimes. La Providence favorise quelquefois les peuples comme les individus en leur donnant l'occasion de grandir tout à coup ; mais c'est à la condition qu'ils sachent en profiter. Profitez donc de la fortune qui s'offre à vous. Votre désir d'indépendance, si longtemps exprimé, si souvent déçu, se réalisera si vous vous en montrez dignes. Unissez-vous donc dans un seul but : l'affranchissement de votre pays. Organisez-vous militairement. Volez sous les drapeaux du roi Victor-Emmanuel, qui vous a déjà si noblement montré la voie de l'honneur. Souvenez-vous que, sans discipline, il n'y a pas d'armée ; et, animés du feu sacré de la patrie, ne soyez aujourd'hui que soldats ; demain, vous serez citoyens libres d'un grand pays.

Fait au quartier impérial de Milan, 8 juin 1859.

» NAPOLÉON. »

Proclamation à l'Armée.

« Soldats,

» Il y a un mois, confiant dans les efforts de la diplomatie, j'espérais encore la paix, lorsque tout à coup l'invasion du Piémont par les troupes autrichiennes nous appela aux armes. Nous n'étions pas prêts. Les hommes, les chevaux, le matériel, les approvisionnements manquaient, et nous devions, pour secourir nos alliés, déboucher à la hâte, par petites fractions, au delà des Alpes, devant un ennemi redoutable et préparé de longue main.

» Le danger était grand. — L'énergie de la nation et votre courage ont suppléé à tout. La France a retrouvé ses anciennes vertus, et, unie dans un même but comme en un seul sentiment, elle a montré la puissance de ses ressources et la force de son patriotisme. Voici dix jours que les opérations ont commencé et déjà le territoire piémontais est débarrassé de ses envahisseurs.

» L'armée alliée a livré quatre combats heureux et remporté une victoire décisive, qui lui ont ouvert les portes de la capitale de la Lombardie ; vous avez mis hors de combat plus de 35,000 Autrichiens, pris 17 canons, deux drapeaux, 8,000 prisonniers, mais tout n'est pas terminé; nous aurons encore des luttes à soutenir, des obstacles à vaincre.

» Je compte sur vous; courage donc, braves soldats de l'armée d'Italie! Du haut du ciel vos pères vous contemplent avec orgueil.

» NAPOLÉON. »

Fait au quartier général de Milan,
le 8 juin 1859.

« L'entrée à Milan de Napoléon et du roi Victor-Emmanuel a eu lieu sans réception officielle, tous les soins des municipalités et toute l'ardeur des Lombards devant être consacrés à la guerre. Cela n'a pas empêché les Milanais de se porter en masse sur le passage de LL. MM. A sept heures et demie, l'Empereur et le roi, à cheval, entraient par l'Arc de la Paix, ce monument dû au génie de Napoléon Ier, et que les Autrichiens ont essayé en vain de changer en arc de triomphe de François I. La garde impériale était rangée dans la place d'armes où l'Empereur l'a passée en revue. Le cortége se compose d'un escadron des cent-gardes qui précéde LL. MM., viennent après quelques régiments des cuirassiers de la garde, des grenadiers, des gendarmes, de chevau-légers piémontais, etc. Ces derniers furent accueillis par les larmes des mères, qui s'empressaient d'embrasser leurs fils, les volontaires milanais, qu'elles croyaient morts à Montebello.

» Les citoyens criaient, applaudissaient, jetaient des bouquets. Plus de deux cents équipages étaient rangés dans la rue du Mont-Napoléon et le cours de Porta-Orientale. L'Empereur est allé loger au palais d'été, magnifique villa dans le jardin public où autrefois Napoléon Ier avait demeuré. Le roi s'est arrêté au palais Busca.

» En même temps, on placarde dans les rues les deux admirables proclamations de l'Empereur aux Italiens et aux soldats, ainsi que la belle proclamation de Victor-Emmanuel aux Lombards. La foule les lit et applaudit dans un juste enthousiasme.

» Une heure après, on apprend que l'Empereur va visiter les blessés. Ceux qui n'avaient pas encore vu Napoléon se pressent sur son passage, et les acclamations recommencent de plus belle.

» Je me demande où l'on a pu trouver tant de fleurs, car depuis trois jours c'est une véritable avalanche de roses, de violettes, de magnolias, de giroflées, d'œillets : nous marchons littéralement sur des fleurs.

» Les troupes sont attendries de cet accueil; les Français sont ici comme chez eux; ils y ont trouvé autant de frères que d'habitants, et, ma foi, ils l'ont bien mérité.

Ajoutons quelques détails sur le séjour à Milan :

L'avant-garde française a commencé à entrer dans notre ville. Ce matin, toute la division de Mac-Mahon, qui a fait de si grands prodiges à la bataille de Magenta, est entrée par l'arc du Simplon, en passant ensuite par la rue du Mont-Napoléon et par la *Corsia dei Servi*. J'ai été moi-même les voir sur la place de l'Arc de la Paix, où les troupes se sont arrêtées un peu de temps pour bivouaquer. J'ai été tout étonné de trouver Mac-Mahon, maréchal et duc de Magenta, couché sur l'herbe au milieu de ses soldats et de ses officiers, sans étiquette et comme au milieu de ses frères. Quels beaux soldats, mon Dieu! et comme ils paraissent en veine d'infliger une nouvelle défaite à nos oppresseurs!

Aussi faut-il voir l'accueil et la fête que font les Milanais à cette troupe glorieuse; les cris, les vivats, les bouquets de fleurs et les cadeaux de tout genre par lesquels on les salue! Quelques

Un Bersaglieri.

dames, jeunes, belles et richement habillées, sont allées jusqu'à embrasser les turcos. Ces derniers riaient et se laissaient faire.

Maintenant les troupes se promènent dans la ville, et les citoyens conduisent les soldats dans les cafés, chez les marchands de vins, où on les bourre de gâteaux, de liqueurs et de vin, à la condition qu'ils raconteront les détails de la bataille de Magenta. A ces récits tout le monde frissonne et s'extasie devant ces géants de valeur et de courage.

Il y a eu plusieurs milliers de blessés, qui, depuis hier matin, arrivent à Milan. Tout le monde à l'envi les accueille à la station du chemin de fer et les conduit dans ses voitures aux différents hôpitaux. Les plus riches — sans excepter les dames — se sont changés en infirmiers pour les soigner; on a improvisé partout des hôpitaux. Les citoyens y envoient des lits, du linge, des couvertures, etc. C'est une émulation de philanthropie et de générosité qui fait vraiment plaisir à voir.

Notre ville, qui, samedi dernier, était déserte, est maintenant remplie d'une foule qui a surgi on ne sait d'où. Les boutiques, les magasins, les bureaux sont fermés depuis trois jours. Les officiers blessés sont logés dans les maisons privées.

Les dames milanaises ont offert un noble exemple de charité et d'abnégation. Si vous entriez dans les hôpitaux militaires, vous y verriez les plus jolies et les plus gracieuses de nos dames assister les blessés et leur prodiguer avec un zèle infatigable les soins dont ils ont besoin. Nous avons ici un grand nombre de blessés : les hospices militaires ne suffisent pas; on a dû mettre à leur disposition notre grand hôpital civil, qui renferme plus de deux mille lits. Vos braves Français se jettent, les yeux fermés, au milieu du danger.

Une immense démonstration avait lieu ici avant-hier soir. A midi, un avis annonçait un concert au théâtre de la Scala, au bénéfice des familles pauvres des soldats tombés sur le champ de bataille : ce n'était qu'un prétexte pour faire les honneurs de la maison aux troupes alliées et pour rouvrir ce théâtre qui, depuis longtemps, vu l'absence des spectateurs italiens, restait fermé.

A l'heure du spectacle, la ville de Milan retrouvait, comme par enchantement, un des beaux jours de son ancienne splendeur; on ne pourrait en trouver de pareils qu'en se reportant par la pensée à l'époque napoléonienne. La salle était comble, elle étincelait de milliers de lumières. Dans les loges des deux premiers rangs brillaient, dans tout l'éclat de leurs uniformes, les états-majors de l'Empereur et du Roi, les généraux et officiers supérieurs; dans les autres loges trônaient les dames milanaises, avec leur énergique beauté, avec leurs riches toilettes, rayonnantes de bonheur et de diamants.

Je défie n'importe quel écrivain de vous décrire les applaudissements frénétiques qui ont accueilli, à leur entrée, les souverains alliés. Les cris de « Vive l'Empereur! vive le Roi! » et les vivats que, par une délicatesse que vous apprécierez sans doute, les spectateurs portaient à l'Impératrice et au Prince impérial, retentissaient de tous les côtés, immenses, sans fin. Qu'a-t-on joué? Je l'ignore, et personne ne saurait vous le dire. A chaque morceau, le public se levait de ses stalles, les dames agitaient leurs mouchoirs dans les loges, et les cris et les vivats commençaient de plus belle. Le corps de ballet a fini par être gagné lui aussi par l'enthousiasme, et ce fut un nouveau et magnifique spectacle que de voir toutes les pensionnaires de l'école de danse tournoyer en agitant des drapeaux aux couleurs de France et d'Italie, criant : « Vive *notre roi!* Vive Napoléon! »

LL. MM. étaient dans la loge impériale qui fait face à la scène, et on voyait avec les augustes souverains le nouveau gouverneur M. Vigliani,

M. Belgiojoso, podestat de Milan, les aides de camp et plusieurs membres de la nouvelle administration.

L'Empereur et le Roi sont restés au théâtre environ une heure et demie. Ils sont partis en voiture découverte, salués sur leur passage par les trépignements de la foule. Toutes les rues sur leur parcours étaient illuminées. La figure riante des deux souverains témoignait de leur satisfaction devant ces démonstrations d'honneur et de reconnaissance. J'ai entendu plusieurs officiers français s'écrier : *C'était une chose fabuleuse, incroyable!* Moi, qui suis en mesure de juger le véritable sentiment qui inspire tout ce peuple, je puis vous assurer qu'il n'y avait rien de plus vrai ni de plus cordial.

Le peuple milanais est moqueur; il aime assez la critique et l'épigramme. Eh bien, dans toutes ces quatre journées je n'ai pas entendu un mot qui ne fût de l'admiration, de la gratitude, et, ce qui est mieux, de la confiance illimitée. Une autre circonstance m'a servi à apprécier notre population, c'est que Milan, après minuit, était tranquille, calme, comme une ville sérieuse, comme Turin, par exemple, tellement la gravité a gagné tous les esprits. Ainsi un gouvernement s'est écroulé tout à coup; un autre gouvernement se fonde sur ses ruines, et quelles ruines! et cela sans aucun désordre, sans le moindre obstacle.

On sait que le prince Napoléon, à la tête du cinquième corps d'armée, était allé débarquer à Livourne afin de faire diversion et d'attaquer les Autrichiens par derrière s'il y avait lieu; mais il ne se présenta pas un seul Autrichien, et ce corps, après une longue et pénible marche, a rejoint le gros de l'armée sans avoir pu prendre sa part de gloire dans les différentes batailles.

Pour mieux faire connaître cette longue marche, nous publierons dans son intégrité le rapport du prince commandant.

« Quartier général à Goïto, le 4 juillet 1859.

» Sire,

» Jusqu'à ce jour, la mission du 5ᵉ corps, dont Votre Majesté a daigné me confier le commandement, a été politique et militaire.

» Seule, la division d'Autemarre, retenue à l'armée de Votre Majesté, a été assez heureuse pour qu'un de ses régiments, le 3ᵉ de zouaves, engagé avec l'ennemi, se couvrit de gloire à Palestro. Un autre, le 93ᵉ, a eu aussi le bonheur de combattre à Montebello.

» Le 5ᵉ corps, en se réunissant en Toscane, avait pour mission politique :

» 1° De maintenir ce duché dans la ligne de conduite tracée par Votre Majesté, c'est-à-dire de ne pas laisser dégénérer l'expression du sentiment patriotique, et surtout d'organiser militairement toutes les ressources que l'on pouvait tirer de ce pays, ainsi que des duchés de Parme et de Modène ;

» 2° De contraindre, par la présence du drapeau français sur les frontières de la Romagne, le gouvernement autrichien à observer strictement la neutralité dans les États du pape;

» 3° De garantir les habitants contre un retour offensif de l'Autriche, et de leur permettre de faire éclater sans entrave l'expression de leur sympathie pour la cause de l'indépendance italienne et de leur reconnaissance pour les bienveillantes intentions du gouvernement de Votre Majesté.

» La mission militaire du 5ᵉ corps était :

» 1° D'empêcher un corps autrichien de faire une pointe sur la Toscane, et de priver l'ennemi des précieuses ressources de l'Italie centrale;

» 2° De menacer le flanc gauche de l'arméeautrichienne encompromettant ses lignes de retraite et hâter son abandon des duchés de Parme et de Modène dès après la première victoire de l'armée alliée.

» Ces divers buts ont été atteints heureusement, et sans coup férir, par la présence seule à Livourne, à Florence, aux débouchés des Apennins , des troupes du 5ᵉ corps.

» 1° Au point de vue politique :

» La Toscane a joui de la plus grande tranquillité sans que sa liberté fût troublée. Sous la protection du drapeau français, l'armée toscane, désorganisée après le 27 avril, a pu se réorganiser assez vite pour qu'aujourd'hui elle donne au 5ᵉ corps un appoint de 8 à 10,000 soldats armés, équipés, et prêts à se mesurer avec l'ennemi; pour qu'une division de volontaires, aux ordres du général Mezzacapo, s'organise également à Florence sans que le pays soit privé du régiment des gendarmes toscans, fort de 2,000 hommes et suffisant pour maintenir la tranquillité; en outre, la neutralité n'a pas été violée par l'ennemi dans les Etats pontificaux.

« Enfin l'enthousiasme qui s'est produit dans tous les lieux parcourus par le 5ᵉ corps, depuis le jour de son dé-

barquement à Livourne jusqu'à celui de sa jonction avec l'armée de Votre Majesté; les ovations qu'il a reçues, lui et son chef, à Livourne, à Florence, à Lucques, à Massa, à Parme et dans toutes les localités petites ou grandes où il a dû s'arrêter, sont un témoignage authentique et qui ne saurait manquer de produire un effet moral considérable.

» 2° au point de vue militaire :

» La présence du 2ᵉ corps en Toscane, ou plutôt d'une division d'infanterie, d'une brigade de cavalerie et de neuf batteries, a retenu les corps autrichiens qui, des bords du Mincio, semblaient être prêts à se jeter sur les riches plaines qui avoisinent le Pô ; la présence de ce corps prêt à déboucher sur l'armée autrichienne a imprimé à cette armée une crainte assez vive pour qu'elle se soit hâtée, dès après la bataille de Magenta, d'abandonner Ancône, Bologne et successivement toutes les positions sur la rive droite du Pô, faisant sauter des ouvrages qui avaient coûté beaucoup de temps et d'argent.

» Tels sont, Sire, les résultats qui ont été la conséquence de l'envoi par Votre Majesté du 5ᵉ corps en Toscane et dans les duchés. Il me reste à faire connaître en peu de mots à Votre Majesté les opérations, malheureusement jusqu'à ce jour toutes pacifiques, de la partie de ce corps réunie en Toscane.

» Le 12 mai dernier, la presque totalité de la 1ʳᵉ division du 5ᵉ corps (division d'Autemarre) débarquait à Gênes.

» Je me trouvais moi-même dans

cette ville avec une partie de mon état-major.

» Le 14, le 3ᵉ de zouaves, de la division d'Autemarre, est envoyé à Bobbio.

» Le 17, le 5ᵉ corps, moins la division d'Autemarre, reçoit de Votre Majesté l'ordre de se rendre à Livourne, où doivent être transportées directement de France les troupes de la 2ᵉ division (Uhrich) arrivant de Paris. La brigade de cavalerie légère du général de Lapérouse reçoit également l'ordre de s'embarquer pour Livourne, tandis que la division d'Autemarre est détachée provisoirement du 5ᵉ corps au 1ᵉʳ corps à Voghera.

» Le 23 mai, je débarquai à Livourne, où ne tardaient pas à se concentrer la 2ᵉ division, la brigade de cavalerie, l'artillerie divisionnaire, l'artillerie de réserve et le parc arrivant de France.

» Le 31 mai, je transportais mon quartier général à Florence ; la 1ʳᵉ brigade de la 2ᵉ division, la cavalerie, l'artillerie et tous les services administratifs se concentraient dans cette ville, tandis que la 2ᵉ brigade se portait de Lucques à Pistoja, occupant par des postes avancés tous les débouchés des Apennins et le nœud des routes. Le général toscan Ulloa portait, sur mon ordre, la brigade organisée de sa division également aux débouchés principaux de la Romagne.

» Le 12 juin, le but politique que Votre Majesté voulait d'abord et avant tout atteindre par la présence du 5ᵉ corps étant accompli, il me fut permis de commencer mon mouvement pour rallier la division d'Aute-

marre, et me joindre à l'armée de Votre Majesté.

» Tandis que je dirigeais la division toscane sur Parme, par le duché de Modène et par la route du col de l'Abotone, je fis marcher les troupes françaises qui se trouvaient de Lucques à San-Marcello et à Florence, par Lucques, Massa, Pontremoli et Parme.

» Cette marche de seize jours, effectuée dans des conditions atmosphériques souvent peu favorables, m'a permis de constater la vigueur et l'excellente discipline des troupes de Votre Majesté.

» La division Uhrich (14e bataillon de chasseurs, 18e, 26e, 80e et 82e de ligne), les 6e et 8e de hussards de la brigade Lapérouse, l'escadron des guides toscans que j'ai joint à notre cavalerie, les neuf batteries divisionnaires ou de la réserve, les deux batteries du parc du 5ᵉ corps, ont dû marcher sous une température très-élevée, et plusieurs fois ces troupes ont eu à supporter de violents orages qui ont grossi les torrents et présenté certaines difficultés.

» L'état sanitaire s'est maintenu dans les conditions les plus favorables, et je n'ai eu qu'à me louer de la discipline parfaite maintenue dans tous les corps par les chefs et par les officiers.

» Le contact avec les populations n'a donné lieu à aucune plainte.

» Le passage du Pô à Casal-Maggiore, à 12 kilomètres de Mantoue, ainsi que la construction du pont de bateaux, ont été des opérations faites avec intelligence et zèle.

» Les troupes que j'amène à Votre Majesté et qui opèrent aujourd'hui avec l'armée principale seront dignes, je n'en doute pas, de celles qui, plus heureuses, ont déjà battu l'ennemi.

» Le prince commandant le 5ᵉ corps de l'armée d'Italie,

» NAPOLÉON (JÉROME). »

La lettre suivante contient d'intéressants détails sur ce long voyage du corps d'armée.

« Massa, 20 juin.

» Tout le 5ᵉ corps de l'armée d'Italie, sous les ordres du prince Napoléon, sauf la division d'Autemarre, est réuni à Massa au pied des Apennins. Il nous faut cinq jours pour les franchir. Nous sommes obligés de nous fractionner en plusieurs colonnes, les troupes et les voitures dans ce défilé de plus de trente lieues occupant des espaces énormes. Lorsque nous y serons tous engagés, on pourra dire que la colonne ne formera qu'une file continue depuis Massa jusqu'à Fornoue. Le pays n'offre rien, nous sommes obligés d'emporter vivres et fourrages, et comme nous n'avons pas moins de cinq mille chevaux, vous devez juger ce qu'il faut de mulets et de voitures à bœufs pour porter l'avoine nécessaire. Le prince Napoléon a présidé à toute l'organisation de cette marche difficile avec beaucoup de sollicitude et de succès. Le transport des malades et les soins à leur donner pendant la route sont assurés. S. A. I. a fait venir la *Reine-Hortense* à Avezzana, petit

port près de Massa. Les malades vont y être embarqués et transportés à Livourne, de sorte que tout ce qui se met en route est dans les meilleures conditions. Le prince a fait compléter les effets de campement et les souliers, et en emporte même une réserve avec les colonnes. Les bivouacs ont été reconnus avec le plus grand soin; le génie s'est occupé des gués à traverser, qui sont nombreux.

» Enfin, les précautions les plus minutieuses ont été prises pour que nous débouchions dans la vallée du Pô en aussi bon état que si nous sortions de nos casernes. Lorsque le prince y ralliera la division d'Autemarre et les Toscans, ce qui aura lieu dans six jours, S. A. I. aura sous ses ordres une très-belle et très-nombreuse armée, pourvue d'une artillerie formidable, d'approvisionnements de guerre considérables, enfin d'un corps de cavalerie important, l'Empereur ayant manifesté l'intention de laisser au prince le 4ᵉ lanciers, qui se trouve maintenant avec la division d'Autemarre. Nous allons enfin retrouver cette belle division, composée de cinq régiments d'Afrique, parmi lesquels sont le 3ᵉ de zouaves, illustré par l'éclatant fait d'armes de Palestro, et le 99ᵉ. Quant à l'armée toscane, forte de plus de dix mille hommes, elle est commandée, sous les ordres du prince, par le général Ulloa, l'illustre défenseur de Venise. Ce corps, aujourd'hui parfaitement armé et équipé, brûle de se mesurer avec l'ennemi à côté des Français.

» Telles sont les forces que le commandant en chef du 5ᵉ corps va faire entrer en ligne, dans une direction et dans un but que nul ne peut encore connaître, puisqu'ils dépendent de la marche de la grande armée, des événements qui vont se passer sur les bords du lac de Garde, et enfin de la volonté de l'Empereur. Ce que l'on peut affirmer, c'est que le 5ᵉ corps, ainsi accru, complétement organisé et tout frais encore, va peser d'un grand poids dans les événements qui se préparent. Notre seule crainte est que les Autrichiens, avertis de notre marche, ne reprennent l'offensive avant notre arrivée.

» L'enthousiasme des soldats, augmenté par une longue attente et par les ovations des populations, ne connaît plus de bornes. Leur affection pour le prince qui s'occupe d'eux, de leurs besoins, de leurs intérêts, avec tant de sollicitude et d'intelligence, leur affection, dis-je, est vraiment touchante. S. A. I. ne peut pas paraître dans un bivouac sans être acclamée. »

La mort, hélas! ne se contentait pas de tous les moyens de destruction de la guerre, pour frapper nos braves. Un général, aide de camp de l'Empereur, tombe subitement la veille de la grande bataille de Solférino.

M. le général de Cotte venait de se mettre au lit quand on lui remit deux dépêches. La première qu'il examina était adressée à S. M. le roi de Sardaigne, et c'était par erreur qu'on l'avait remise au quartier général français. M. le général de Cotte eut encore le temps d'en faire la remarque; mais au moment où il ouvrait la seconde dépêche pour en prendre connaissance, il s'affaissa en poussant une faible plainte. Il était mort.

Ancien colonel du 2ᵉ régiment de chasseurs à cheval, M. de Cotte, grand-officier de la Légion d'honneur, était général de division depuis le 1ᵉʳ janvier 1854. Hâtons-nous de dire que le général de Cotte était prêt à une telle mort. Toute l'armée le connaissait comme fervent chrétien, autant que comme habile général et vaillant soldat; il communiait souvent dans la semaine et assistait chaque jour à la messe. Tout ce qui touchait la religion l'intéressait vivement. Les œuvres des militaires avaient sa sympathie, et on l'avait vu souvent avec son uniforme de général aller à la sainte table avec de simples soldats. Si la Providence eût laissé des jours au général de Cotte, il est probable qu'il serait mort sous l'habit d'une autre milice; il avait le projet, après avoir entouré de ses soins et de son affection sa vénérable mère, d'entrer dans une maison de trappistes. C'eût été un grand spectacle de voir un général, aide de camp de l'Empereur, grand-officier de la Légion d'honneur et probablement sénateur, abandonner les dignités et les honneurs, point de mire de tant d'ambitions, pour revêtir l'habit du trappiste. C'était un homme à la hauteur de tous les genres d'héroïsme.

CHAPITRE V.

Bataille de Solferino.

Le 25 juin, dans la matinée, une courte mais bien belle dépêche était affichée sur les murs de Paris et courait sur les fils télégraphiques jusqu'à l'extrémité de la France. Bientôt la joie, l'enthousiasme est partout. Paris fut illuminé ce soir-là comme il ne l'avait pas été depuis longtemps ; on voyait des lanternes et des chandelles jusque dans les plus pauvres quartiers et jusqu'aux plus petites fenêtres des mansardes. Tous les cœurs, en France, ont le sentiment de l'honneur national et aiment la gloire militaire.

La bataille de Solferino s'est livrée le vendredi, 24 juin 1859. Elle a commencé à quatre heures du matin et s'est terminée à huit heures du soir. Plus de 300,000 hommes y ont pris part. L'empereur des Français et l'empereur d'Autriche commandaient chacun leur armée. Avant les rapports de chaque chef de corps, nous allons donner une idée de l'ensemble de la bataille.

L'Empereur était arrivé à Castiglione à sept heures du matin, le 24 juin ; il se rendit d'abord sur une éminence qui domine la ville et qui lui offrait un excellent point d'observation. Sa Majesté reconnut tout de suite que l'ennemi engageait une grande affaire.

En effet, des masses considérables d'Autrichiens occupaient sur toutes les hauteurs des positions formidables, et la bataille était engagée sur une étendue de plus de cinq lieues, depuis le lac de Garde jusqu'à Guidizzola. L'Empereur monta immédiatement à cheval, et se rendit à Solferino, accompagné de tout son état-major.

C'est là que le combat avait lieu avec le plus d'acharnement. C'est également sur ce point que les efforts de l'armée se portèrent lors de la première victoire gagnée en 1796 par Augereau. Trois fois ce point important fut pris et repris ; il fut enfin enlevé à la baïonnette sous les yeux de l'Empereur par la division Forey.

Les Piémontais, qui occupaient l'aile gauche, se sont admirablement battus. Les Autrichiens, qui avaient mis en ligne leurs meilleures troupes, et qui avaient tenté un dernier effort, ont commencé à céder vers deux heures. La bataille avait commencé entre trois et quatre heures du matin. Les Autrichiens ont montré une grande énergie ; leurs positions étaient très-habilement choisies. L'empereur François-Joseph commandait en personne et contribuait par sa présence à soutenir la valeur de ses troupes.

Chassés de Solferino, les Autrichiens

ont concentré tous leurs efforts sur notre droite, où la cavalerie eut occasion de donner avec un élan irrésistible : notre infanterie et notre artillerie ont été admirables, comme d'habitude. L'Empereur a poussé le courage jusqu'à la témérité ; électrisant les soldats par le sang-froid qu'il montre toujours, il s'engageait très-avant ; il ne changeait jamais de position qu'au pas de son cheval, sous une pluie de balles et de boulets. Chacun frémissait de voir l'Empereur s'exposer ainsi, et les soldats, pleins d'admiration pour cette audace, la regrettaient cependant tout haut.

Sa Majesté est établie depuis hier dans la maison que l'empereur d'Autriche avait choisie lui-même pour sa résidence. L'ennemi a dû faire des

Hussard.

pertes immenses. On n'a pu recueillir encore les renseignements nécessaires pour établir le chiffre de nos pertes, qui, quoique beaucoup inférieures à celles des Autrichiens, sont cependant sensibles. Le général Auger est le seul de nos généraux qui soit blessé grièvement.

L'Empereur l'a nommé général de division sur le champ de bataille.

On dit que les Autrichiens sont complétement démoralisés. Nous sommes éloignés ici des lignes télégraphiques ; ne vous attendez donc pas à des communications fréquentes.

Arrivons maintenant aux rapports

II.

4

des chefs. Ils feront parfaitement connaître l'affaire dans toute son étendue.

---

*Rapport du maréchal commandant
en chef la garde impériale.*

« Cavriana, le 25 juin 1859. »

» SIRE,

» Le 24 juin, la garde impériale
était campée, les deux divisions d'infanterie à Montechiaro, les huit batteries d'artillerie et la division de cavalerie à Castenedolo.

» Votre Majesté lui donna l'ordre de
partir de ces deux positions pour se
rendre à Castiglione.

» L'infanterie partit de Montechiaro
à cinq heures du matin, l'artillerie
partit à la même heure de Castenedolo et rejoignit la gauche des deux
divisions d'infanterie à Montechiaro,
vers sept heures moins un quart.

» La division de cavalerie ne devait
partir qu'à neuf heures du matin de
Castenedolo et marcher librement
afin de ménager ses chevaux.

» Vers six heures du matin, une
canonnade bien nourrie s'engagea
avec l'ennemi, qui avait pris position
au delà de Castiglione et s'était décidé
à livrer bataille.

» Votre Majesté ordonna alors à la
garde d'accélérer son mouvement.
L'ordre fut expédié de suite à la cavalerie de partir avant l'heure qui lui
avait été désignée ; à huit heures elle
put monter à cheval, et, vers neuf
heures et demie, elle arriva sur le lieu
du combat, où elle fut mise à la disposition de M. le maréchal de Mac-
Mahon, d'après les ordres de Votre
Majesté.

» Les deux divisions d'infanterie de
la garde avaient débouché de Castiglione par la route de Guidizzolo ;
mais Votre Majesté ayant jugé que le
point décisif de la bataille était l'enlèvement de la position de Solferino,
vivement défendue par l'ennemi,
donna l'ordre à sa garde de se porter
à gauche, afin de se trouver en situation d'appuyer l'attaque du maréchal
Baraguey- d'Hilliers contre Solferino.

» La division de voltigeurs, commandée par le général Camou, fut
placée en ligne déployée derrière
le 1er corps, et, à 500 mètres en arrière, la division Mellinet fut formée
en colonne double par division à distance de déploiement.

» La division Forey ayant éprouvé
des pertes sensibles dans l'attaque de
la position del Monte, la brigade Manèque, composée des chasseurs à pied
de la garde, des 1er et 2e voltigeurs,
fut portée à son secours et enleva ces
positions aux cris de : *Vive l'Empereur !*

» Au même moment, deux bataillons du 2e voltigeurs, lancés sur la
tour et le couvent de Solferino, les en-
levèrent avec un remarquable élan.

» Les bataillons ont ensuite occupé
les crêtes de la position del Monte et y
ont été soutenus par l'artillerie à cheval de la garde, qui vint se mettre en
batterie sur la grande route de Cavriana. Bientôt l'ennemi chercha à
reprendre cette importante position,
et le petit nombre de troupes qui était
sur ce point n'aurait pas permis de la
conserver si Votre Majesté, en se rendant parfaitement compte de l'état

des choses, n'avait envoyé immédiatement l'ordre à la division de grenadiers, commandée par le général Mellinet, de soutenir les batteries de la
garde et la brigade Manèque. Cet
ordre, promptement exécuté par le
général Mellinet, permit à la brigade
Manèque et à l'artillerie de la garde
non-seulement de conserver la position un instant menacée, mais encore
de gagner du terrain en avant, en
s'emparant successivement des positions de l'ennemi.

» La brigade Manèque arriva ainsi
à quelque distance de Cavriana, position importante entourée de vieilles
fortifications, où l'ennemi pouvait re-
nouveler dans la ville et dans le château la longue résistance qu'il avait
opposée à Solferino.

» Votre Majesté envoya l'ordre à
l'artillerie de la garde de battre cette
position, et à la brigade Manèque de
l'enlever. Cet ordre fut exécuté avec
vigueur et intelligence sous les yeux
de Votre Majesté.

» Le village de Cavriana venait
d'être enlevé vers cinq heures du soir,
lorsqu'un violent orage éclata et sus-
pendit un instant les opérations. Mais
à peine avait-il cessé, que les voltigeurs de la garde reprirent l'œuvre
commencée, et chassèrent l'ennemi
des hauteurs qui dominent le village
où le quartier général de Votre Majesté devait être établi, et terminèrent
ainsi la journée.

» La brigade Manèque a enlevé un
drapeau, des prisonniers et 13 pièces
de canon aux Autrichiens.

» Pendant toute cette affaire, l'artillerie de la garde s'est fait remarquer
par la précision de son tir et le choix
successif de ses positions. Partout où
elle a eu à contre-battre des batteries
ennemies, elle a fait taire leur feu en
peu de temps.

» La cavalerie, commandée par le
général Morris, est venue, dès son arrivée sur le champ de bataille, et
d'après les ordres de Votre Majesté,
se placer sous le commandement du
maréchal de Mac-Mahon, qui opérait
dans un pays de plaine où, dans cer-
tains cas, elle pouvait trouver l'occasion de faire un bon service.

» En attendant l'arrivée du corps
du général Niel, qui devait se lier par
sa gauche au maréchal de Mac-Mahon,
elle fut employée à couvrir la droite
du 2ᵉ corps, et, à cet effet, le général
Morris disposa ses trois brigades par
échelons et les fit couvrir par une ligne de tirailleurs.

» Le général Morris attendait avec
impatience l'occasion de faire agir sa
cavalerie : elle se présenta vers trois
heures et demie. Une colonne de cavalerie autrichienne ayant paru, il la
fit charger en flanc par les chasseurs
à cheval. Les Autrichiens, refoulés,
se retirèrent à droite vers leurs batteries, dont le feu arrêta notre poursuite.

» Je viens d'exposer la part que la
garde a prise à la bataille de Solferino.
Là, comme à Magenta, elle a agi sous
les yeux et l'impulsion directe de Votre Majesté, qui a pu juger par elle-
même du courage et du dévouement
absolu qu'elle mettait à exécuter ses
ordres.

» Je ferai connaître plus tard à Votre Majesté les noms des officiers qui
se sont le plus particulièrement dis-

tingués, et je les proposerai pour des récompenses.

» Je suis avec le plus profond respect,
» Sire,
» De Votre Majesté,
» Le très-humble et très-obéissant serviteur,
» Le maréchal commandant en chef la garde impériale,

» REGNAUD DE SAINT-JEAN-D'ANGÉLY.

» *P. S.* Je dois signaler à Votre Majesté M. Monoglia, lieutenant de chasseurs à pied, qui a pris, dans le village de Solferino, quatre pièces de canon attelées, commandées par un colonel qui lui a remis son épée. »

Rapport du maréchal commandant en chef le 1ᵉʳ corps.

« Pozzolengo, le 25 juin 1859.

» SIRE,

» Votre Majesté m'avait donné l'ordre de me porter, le 24, d'Esenta à Solferino. Je fis partir, à deux heures du matin, par la route de la montagne, la division Ladmirault avec quatre pièces d'artillerie, et par celle de la plaine, à trois heures, les divisions Forey et Bazaine avec leur artillerie, l'artillerie de réserve et les bagages.

» A peine la tête de cette dernière colonne était arrivée au Fontane, que la division Forey engagea deux compagnies de chasseurs avec l'ennemi, le débusqua sans trop de difficultés des hauteurs du monte di Valscura, et, avec deux bataillons du 74ᵉ, le chassa du village du Grole où la résistance fut plus sérieuse.

» A ce moment, la 2ᵉ division, à gauche de la 1ʳᵉ, était ralliée dans une vallée assez large, bordée des deux côtés de collines élevées s'étendant par des positions successives et étagées jusqu'à Solferino. Le général de Ladmirault disposa sa division en trois colonnes : celle de droite, composée de deux compagnies de chasseurs et de quatre bataillons, confiée à M. le général Douai; celle de gauche, composée comme la première, sous les ordres du général Négrier, et se réserva la colonne du centre, composée de quatre compagnies de chasseurs, de quatre bataillons et de l'artillerie.

» Les divisions Forey et Ladmirault s'avancèrent parallèlement sur Solferino : la première à droite, attaquant le mont Fenile ; la deuxième à gauche, enlevant à l'ennemi les premiers mamelons boisés de sa position.

» L'occupation du mont Fenile par le 84ᵉ permit à la 6ᵉ batterie du 8ᵉ régiment de s'y établir et de protéger le mouvement de la 1ʳᵉ brigade, commandée par le général Dieu, qui descendit le revers du mont Fenile et se porta dans la direction de Solferino en chassant de crête en crête les troupes ennemies, dont le nombre s'accroissait sans cesse. Cette brigade prit position devant des forces supérieures, et dirigea le feu de son artillerie sur les hauteurs couronnées par une tour et un bois de cyprès. Ce fut pendant cette canonnade que le général Dieu, gravement blessé, dut remettre son commandement à M. le colonel Cambriels, du 84ᵉ.

» Votre Majesté arriva elle-même près des batteries de la division Forey, et, après avoir examiné la position, donna l'ordre de porter en avant, avec 4 pièces de la réserve du premier corps, la brigade d'Alton, déployée par bataillon, à demi-distance en colonne par peloton. Le général Forey se mit à la tête de cette brigade qui s'élança avec élan, mais qui fut accueillie par un feu de mitraille et de mousqueterie si violent de front et d'écharpe, qu'elle dut arrêter son mouvement. Votre Majesté envoya aussitôt la brigade Manèque, des voltigeurs de la garde, soutenir la 1ʳᵉ division, qui, ranimée par ce secours, battit la charge, se reporta en avant, attaqua l'ennemi au cri de : *Vive l'Empereur*, et, après une lutte opiniâtre, s'empara du mamelon aux cyprès et de la tour qui domine Solferino.

» La division Ladmirault avait commencé son attaque en même temps que la division Forey; elle mit d'abord son artillerie en batterie, et, après une canonnade qui avait ébranlé l'ennemi, elle s'élança et enleva à la baïonnette les premières positions; mais bientôt ses charges firent démasquer des bataillons entiers fournissant le feu le plus serré et le plus meurtrier, et elle n'avança plus qu'à grand'peine et pied à pied. Le général de Ladmirault fut atteint d'un coup de feu à l'épaule, se retira un instant pour se faire panser, reprit le commandant et lança ses quatre bataillons de réserve qui imprimèrent à notre attaque une nouvelle impulsion : frappé d'une nouvelle balle, le général de Ladmirault fut contraint de remettre son commande-

ment au général de Négrier. L'opiniâtre résistance de l'ennemi, les forces considérables qu'il nous opposait, et les difficultés que présentaient à la 2ᵉ division le terrain très-rétréci des attaques et les feux croisés du mamelon aux cyprès et du cimetière crénelé contre lequel plusieurs charges au pas de course avaient vainement été tentées, me forcèrent à engager la division Bazaine. Le 1ᵉʳ régiment de zouaves et bientôt après le 34ᵉ vinrent appuyer la 2ᵉ division ; l'ennemi couvrit nos colonnes de feux d'artillerie, de mousqueterie et de fusées, et tenta à plusieurs reprises des retours offensifs sur nos deux flancs. Le 37ᵉ fut aussi lancé en avant.

» Le cimetière arrêtait tous nos efforts; voyant qu'il était indispensable de démolir cet obstacle, je donnai l'ordre d'y faire brèche en portant à découvert, à 300 mètres du mur, dans un poste très-périlleux, une batterie d'artillerie du 10ᵉ régiment, commandée par M. le capitaine de Canecaude. La demi-batterie de montagne et d'autres pièces des divisions concentrèrent leur tir dans la même direction. Après un feu bien dirigé et très-nourri, les murs du cimetière, des maisons et du château étant suffisamment ébréchées, et l'artillerie ennemie du mamelon des cyprès ayant été éteinte par l'artillerie du général Forey et par la 9ᵉ batterie du 10ᵉ régiment de la 3ᵉ division, le général Bazaine lança sur le cimetière le 3ᵉ bataillon du 78ᵉ, commandé par le chef de bataillon Lafaille, et fit sonner et battre la charge dans les deux divisions: toutes les troupes s'élancèrent et emportèrent le village et le château au moment même où la 1re division apparaissait sur le sommet de la tour et au bois de cyprès.

» Je crois remplir un devoir en rendant témoignage de la bravoure et de la fermeté de la brigade de la garde que Votre Majesté a envoyée soutenir la 1re division dans un moment difficile ; une batterie de la garde, conduite par M. le général Le Bœuf, et lançant dans le village une grêle d'obus, a puissamment secondé notre attaque.

» Le 1er corps a tué à l'ennemi 800 ou 1,000 hommes environ, lui a blessé beaucoup de monde, lui a fait 1,200 prisonniers, pris quatre canons, deux caissons et deux drapeaux. Il n'a pas obtenu ce succès sans éprouver des pertes regrettables. Les généraux de Ladmirault et Dieu ont été blessés dangereusement : le général Forey légèrement. Les colonels de Taxis, Brincourt, Pinard et Barry ont été blessés, ainsi que les lieutenants-colonels Valet, Moire, Hemar et Servier. Le lieutenant-colonel Ducoin et les chefs de bataillon Kléber, de Saint-Paër, Angevin et Guillaume ont été tués. Les chefs de bataillon Brun, Meurice, de Pontgibaud, Lebreton, Laguerre, Lesèble, Mocquery, Gousy, Lespinasse et Foy ont été blessés. Le nombre des officiers hors de combat est de 234, et celui des soldats tués ou blessés s'élève à 4,000 environ.

» J'ai adressé à Votre Majesté des mémoires de proposition, non-seulement pour pourvoir aux emplois vacants, mais encore pour les récompenses à accorder à de braves soldats qui ont bien mérité de la patrie et de

l'Empereur dans cette grande journée où les deux armées se sont rencontrées sur un vaste terrain dont Solferino occupait au centre un des points du plus difficile accès. Votre Majesté, qui était elle-même sur le lieu du combat, a vu et apprécié les obstacles que le 1er corps a eu à vaincre, les forces nombreuses que l'ennemi lui a opposées et la ténacité de la défense, augmentée encore, dit-on, par la présence du général en chef autrichien à Solferino.

» Après la prise du village, les troupes étaient à peine reformées que, sur l'ordre de Votre Majesté, la 1re division s'est portée sur les crêtes dans la direction de Cavriana ; la 3e division a poursuivi l'ennemi pendant une lieue dans la plaine, et, couvrant du feu de ses batteries les colonnes autrichiennes en retraite, leur a fait éprouver de grandes pertes et capturé de nombreux prisonniers. Parties d'Esenta à deux et trois heures du matin, mes divisions n'ont pris leurs bivouacs qu'à neuf heures du soir.

» Pendant le combat et au plus fort du feu, vers midi, nous aperçûmes quatre colonnes autrichiennes qui cherchaient à tourner la droite de l'armée piémontaise ; six pièces d'artillerie, dirigées par M. le général Forgeot, forcèrent, par un feu très-juste et très-vif, ces colonnes à rebrousser chemin en désordre.

» Je ne saurais assez louer le zèle et la vigueur dont tous les officiers des divisions du 1er corps et de l'état-major général, et particulièrement des généraux Forey, de Ladmirault, Bazaine et Forgeot. Je m'abstiens de faire des citations individuelles, parce qu'elles seraient trop nombreuses ; je dois aux officiers de toutes les armes ce tribut d'éloges bien mérités ; et si parmi eux, le chiffre des tués et des blessés dans ce rude combat est au-dessus de la proportion ordinaire, c'est que tous ont payé largement de leur personne, heureux de donner ainsi à l'Empereur une nouvelle preuve de leur dévouement.

» Je suis avec respect, Sire, de Votre Majesté, le très-humble et très-fidèle sujet,

» *Le maréchal* BARAGUEY-D'HILLIERS. »

Rapport du maréchal commandant en chef le 2ᵉ corps.

« Au quartier-général, à Cavriana, le 26 juin 1859.

» SIRE,

» Conformément aux ordres de Votre Majesté, le 2ᵉ corps a quitté Castiglione le 24 au matin, pour aller occuper Cavriana. Il a débouché de Castiglione vers trois heures, marchant sur une seule colonne, par la route de Mantoue, afin de ne pas gêner le mouvement des 1ᵉʳ et 4ᵉ corps, qui marchaient sur ses flancs en arrière de lui.

» Il devait quitter la route de Mantoue à environ six kilomètres de Castiglione, et se porter sur Cavriana par le chemin de San Cassiano.

» Vers quatre heures, je fus prévenu par le général Gaudin de Villaine, qui éclairait ma marche, que l'ennemi était devant moi, à peu de distance, sur la route même que je suivais.

» A cinq heures, la fusillade s'engageait entre mes tirailleurs et ceux de l'ennemi, qui occupaient la ferme de Casa-Marino.

» Je me portai de ma personne à Monte-Medolano, qui est près de cette ferme, et de cette éminence je pus me convaincre que j'allais avoir affaire à des masses ennemies avec lesquelles il fallait compter.

» A cette même heure (cinq heures), j'entendais un vif engagement sur ma gauche, entre Castiglione et Solferino.

» C'était le maréchal Baraguey d'Hilliers, qui, dans sa marche sur ce dernier point, se trouvait aux prises avec l'ennemi.

» Du côté de Cavriana, j'apercevais un grand mouvement de troupes ennemies venant couronner successivement toutes les hauteurs qui s'étendent entre Solferino et Cavriana.

» La situation dans laquelle je me trouvais méritait réflexion. Je sentais la nécessité de me porter aussitôt que possible sur le canon du maréchal Baraguey d'Hilliers ; mais, d'un autre côté, je ne pouvais dégarnir la plaine et marcher sur Solferino ou sur Cavriana sans courir le risque de permettre à l'ennemi de couper l'armée en deux, en débouchant dans cette même plaine par la route de Mantoue à Guidizzolo, entre les 3ᵉ et 4ᵉ corps et moi.

» J'étais sans nouvelles du général Niel et je sentais toute l'importance de me maintenir dans la position où je me trouvais, et de savoir, avant de faire un mouvement, s'il était à même de me soutenir en occupant la ligne qui s'étend de Medole à Guidiz-zólo.

» Vers six heures, je ne voyais point encore les colonnes du général Niel du côté de Medole. J'envoyai mon chef d'état-major général dans cette direction, afin de savoir où en était le mouvement du 4ᵉ corps sur Guidizzolo.

» Le général Lebrun arriva à Medole au moment même où le 4ᵉ corps attaquait ce village, où l'ennemi s'était établi fortement.

» Le général Niel, prévenu de l'intention que j'avais de me porter vers le 1ᵉʳ corps, me fit connaître que, dès qu'il aurait enlevé Medole, il se rapprocherait au plus vite de ma droite, afin de me permettre d'exécuter mon mouvement sur Cavriana. Il me prévenait, en même temps, qu'il ne pourrait me rejoindre avant que le 3ᵉ corps n'eût fait sa jonction avec lui pour appuyer sa droite.

» Vers huit heures et demie, m'apercevant que les forces de l'ennemi augmentaient sur mon front dans la plaine de Guidizzolo, je fis attaquer la ferme de Casa Marino pour porter ma tête de colonne à hauteur de cette ferme, d'où je devais mieux juger les mouvements et les forces de l'ennemi.

» Je pris alors les dispositions suivantes :

» La 2ᵉ division, qui marchait en tête du corps d'armée, fut employée en avant de la ferme, perpendiculairement à la route de Mantoue, sa droite à cette route. A sa hauteur, et prolongeant la ligne de bataille, je fis placer la 1ʳᵉ brigade de la 1ʳᵉ division,

sa gauche à la même route, sa droite se dirigeant vers Medole, par où devait venir le corps du général Niel. La 2ᵉ brigade de la 1ʳᵉ division, formant la réserve du corps d'armée, fut établie en arrière de Casa-Marino, vers la ferme de Barcaccia, pour tenir tête aux colonnes de cavalerie qui, de San-Cassiano, menaçaient de faire une trouée entre le 1ᵉʳ et le 2ᵉ corps. La cavalerie de réserve (7ᵉ régiment de chasseurs) couvrit de ce même côté la gauche de ma 2ᵉ division.

» A peine ces dispositions étaient-elles prises, qu'une forte colonne autrichienne, venant de Guidizzolo par la route de Mantoue, s'avança sur Casa-Marino. Elle était précédée d'une nombreuse artillerie qui vint se mettre en batterie à 1,000 ou 1,200 mètres en avant de mon front.

» Les quatre batteries d'artillerie des 1ʳᵉ et 2ᵉ divisions (12ᵉ du 7ᵉ, 11ᵉ du 11ᵉ, 2ᵉ du 9ᵉ et 13ᵉ du 13ᵉ) se portèrent immédiatement sur la ligne des tirailleurs et ouvrirent un feu très-vif, qui força bientôt l'artillerie ennemie à se reporter en arrière, après avoir vu sauter deux de ses caissons. C'est au commencement de ce combat d'artillerie contre artillerie que le général Auger eut le bras gauche emporté par un boulet.

» Sur ces entrefaites, on me signalait les divisions de cavalerie Partouneaux et Desvaux, arrivant en arrière de la droite de ma ligne de bataille. Je les fis prévenir de se porter rapidement à hauteur de ma droite, de manière à occuper l'espace laissé libre jusque là entre Medole et Monte Medolano.

» Les batteries à cheval de ces deux divisions se déployèrent en avant de leur front, et prirent d'écharpe l'artillerie ennemie, déjà battue de front par le canon de mes divisions. Les généraux Partouneaux et Desvaux exécutèrent plusieurs charges heureuses. Dans l'une d'elles, 600 hommes d'infanterie furent rejetés sur nos tirailleurs, qui les firent prisonniers.

Pendant que ceci se passait sur ma droite, une colonne composée de deux régiments de cavalerie cherchait à tourner ma gauche, qui était soutenue par deux escadrons du 4e chasseurs et quatre escadrons du 7e chasseurs, commandés par le colonel Savaresse. Notre cavalerie repoussa vigoureusement trois charges de l'ennemi, et le rejeta, dans le plus grand désordre, sur les bataillons de gauche de la 2e division (11e bataillon de chasseurs, 72e de ligne) qui s'étaient formés en carré. L'ennemi laissa sur le terrain

Officiers d'Artillerie.

un grand nombre de chevaux tués ou blessés. Nos chasseurs ramenèrent plusieurs prisonniers, parmi lesquels un officier supérieur et une trentaine de chevaux tout harnachés.

» Grâce à ces charges heureuses, grâce au feu de mon artillerie, je pus maintenir partout l'ennemi à bonne distance, et attendre, non sans une certaine impatience, l'entrée en ligne du 4e corps.

» Vers onze heures seulement, je reçus du général Niel l'avis qu'il était en mesure de marcher directement sur Cavriana. J'ordonnai au général de La Motterouge de se porter, avec sa division disposée sur deux lignes, vers Solferino, où il devait faire jonction avec l'infanterie de la garde impériale qui marchait sur ce point. Le général Decaen devait suivre son mouvement.

» En ce moment (deux heures et demie), la division de cavalerie de la garde impériale était mise à ma disposition par ordre de Votre Majesté.

» J'ordonnai au général Morris de se porter dans l'intervalle qui séparait ma droite des divisions Partouneaux et Desvaux, et de se former en arrière en échelons dès que le 2ᵉ corps se reporterait en avant. De cette manière il devait me relier avec le 4ᵉ corps.

» Ces dispositions prises, et dès que la division La Motterouge eut fait sa jonction avec les voltigeurs de la garde, tout le 2ᵉ corps fit, dans chaque bataillon, tête de colonne à droite pour se porter sur San-Cassiano et sur les autres positions que l'ennemi occupait dans la plaine.

» Le village de San-Cassiano fut tourné à droite et à gauche, et enlevé en un instant, avec un élan irrésistible, par les tirailleurs indigènes et par le 45ᵉ de ligne.

» Les tirailleurs algériens appuyèrent ensuite à gauche pour se porter sur le contre-fort principal qui relie Cavriana à San-Cassiano.

» Ce contre-fort était fortement défendu par l'ennemi, qui avait réuni sur ce point des forces considérables. Le premier mamelon, sur lequel se trouvait une espèce de redoute, fut enlevé par les tirailleurs. Mais en ce moment je m'aperçus que l'ennemi faisait un nouvel effort pour se jeter entre ma droite et le général Niel, et que, d'un autre côté, la colonne qui était à ma gauche n'arrivait pas encore à ma hauteur.

» Je dus donc faire arrêter un moment le mouvement général en avant.

» L'ennemi réunit alors de grandes forces entre Cavriana et la redoute occupée par les tirailleurs, puis il fit tout à coup un vigoureux retour offensif qui les obligea à quitter cette position. Un bataillon du 45ᵉ et une partie du 72ᵉ, commandée par le colonel Castex, vinrent alors en aide aux tirailleurs, qui reprirent la redoute, où ils durent également s'arrêter d'après l'ordre donné.

» Le 45ᵉ et le 72ᵉ de ligne prirent position plus en arrière.

» Bientôt l'ennemi fit un nouvel effort sur les tirailleurs et les força une seconde fois à quitter la position.

» J'ordonnai alors au général de La Motterouge de soutenir cette colonne avec sa brigade de réserve (65ᵉ et 70ᵉ de ligne), et je prescrivis à tout le corps d'armée de se porter en avant dès que notre attaque de gauche recommencerait.

» Dès que général de La Motterouge eut rejoint les tirailleurs et le 45ᵉ de ligne, toute la colonne se porta en avant.

» Elle fut soutenue dans ce mouvement par un bataillon de grenadiers, et un peu en arrière par le reste de la brigade de la garde, commandée par le général Niel.

» Toutes les positions furent successivement enlevées jusqu'à Cavriana, où les tirailleurs indigènes entrèrent en même temps que les voltigeurs de la garde, qui y arrivèrent par le chemin de Solferino.

» La division Decaen suivit le mouvement et chassa l'ennemi de plusieurs fermes qui se trouvaient devant elle dans la plaine.

» La cavalerie de la garde, qui, sous les ordres du général Morris, flanquait mon extrême droite pendant tout le mouvement, était formée en trois échelons.

» Le premier, composé des chasseurs et des guides, avait sa gauche appuyée à la droite de la division Decaen; les deux autres, situées un peu plus en arrière, se reliaient avec le général Desvaux.

» Vers trois heures, le général Morris fit charger en flanc, par le général Cassaignolles, une colonne de cavalerie autrichienne qui menaçait de tourner sa droite.

» Un peu plus tard, un régiment de cavalerie ennemie chercha à repousser un escadron de chasseurs de la garde, qui formait une ligne de tirailleurs conduite d'une manière remarquable par le commandant de la Vigerie. L'ennemi prit sa direction, sans s'en douter, sur le 11e bataillon des chasseurs à pied, qui était formé en en carré dans un chemin creux et dans les blés d'où il ne pouvait être aperçu.

» Ce bataillon se leva tout à coup et fit feu de deux de ses faces. La cavalerie ennemie fit aussitôt demi-tour et se retira en désordre, prise alors en flanc par une batterie de la 2e division et par une batterie de la garde.

» Vers six heures et demie, l'ennemi était en retraite dans toutes les directions, ayant éprouvé de très-grandes pertes, à en juger par le nombre des cadavres qu'il avait laissés sur le terrain.

» La 1re division bivouaqua alors sur le contre-fort situé en arrière de Cavriana, et la 2e division resta en bataille dans la plaine, de manière à faciliter la jonction du 4e corps avec le 2e.

» Je n'ai pas besoin de dire ici si les troupes du 2e corps ont combattu vaillamment pendant cette longue journée. Votre Majesté a pu juger elle-même de leur élan irrésistible pendant les diverses phases de la bataille. Elle a vu de ses propres yeux comment elles ont su, à la fin de la journée, pour couronner la victoire, enlever les positions si difficiles de Cavriana et battre l'ennemi sur les hauteurs où il a essayé vainement de tenir devant elles.

» Nos pertes ont malheureusement été très-sensibles : il n'en pouvait être autrement.

» Au début de la bataille, le général Auger, commandant l'artillerie du 2e corps, a eu le bras gauche emporté par un boulet.

» Le colonel Douay, du 70e de ligne, le colonel Laure et le lieutenant colonel Herment, du régiment de tirailleurs, ont été tués bravement à la tête de leurs troupes.

» Parmi les corps qui ont le plus souffert, je citerai : le régiment de de tirailleurs, qui a eu 7 officiers tués et 22 officiers blessés; le 72e de ligne, qui a eu 5 officiers tués et 19 officiers blessés; le 45e de ligne, déjà si éprouvé à Magenta, a eu 20 officiers mis hors de combat dans la journée du 24 juin.

» En résumé, dans cette rude journée, le 2e corps a eu: 19 officiers tués, 95 officiers blessés; 192 soldats tués, 1,266 soldats blessés et 300 disparus. (Ce dernier chiffre, qui était de 500 hier, diminue d'heure en heure, par suite de la rentrée à leurs corps d'hommes fatigués qui n'avaient pu suivre.)

» Je ne fais pas en ce moment de citations particulières à Votre Majesté: je me réserve d'appeler ultérieurement toute sa bienveillante sollicitude sur ceux qui, braves entre tous, ont mérité d'être proposés pour des récompenses.

» J'ai l'honneur d'être avec respect, Sire, de Votre Majesté, le très-humble et très-obéissant serviteur et sujet, »

Le maréchal commandant en chef le 2ᵉ corps,

De MAC-MAHON DUC DE MAGENTA.

Rapport du maréchal commandant en chef le 3ᵉ corps.

« Bivouac de Rebecco, le 25 juin 1859.

» SIRE,

» En rendant compte à Votre Majesté dès hier soir des opérations auxquelles le 3ᵉ corps a pris part dans la journée du 24 juin courant, je n'ai pu fournir à l'Empereur que des indications sommaires, en l'absence de renseignements transmis par les généraux commandant les divisions : les rapports que je reçois aujourd'hui me permettent d'entrer dans des détails plus précis.

» Parti de Mezzane le 24 juin, à deux heures et demie du matin, en me dirigeant sur Medole, conformément aux ordres de l'Empereur, j'ai effectué le passage de la Chièse à Visano, sur un pont jeté pendant la nuit

par le génie piémontais. J'avais prescrit la veille au soir à la brigade Jannin, de la division Renault, de se porter sur ce point pour protéger l'opération. A sept heures, ma tête de colonne arrivait à Castelgoffredo, et les renseignements recueillis par mon avant-garde m'apprenaient que la cavalerie ennemie était encore dans cette petite ville, ancienne place ceinte d'une muraille et munie de portes qui avaient été barricadées. Le général Jannin, à la tête d'un bataillon du 56ᵉ, reçut l'ordre de tourner la position et de se diriger au sud de la ville pour y pénétrer par la porte de Mantoue. Le général Renault se plaça à la tête des troupes qui devaient attaquer de front, et la porte du côté d'Acqua Fredda fut abattue à coups de hache par le génie. Les hussards du 2ᵉ régiment composant mon escorte, sous la vigoureuse impulsion de leur chef, le capitaine commandant Lecomte, se ruèrent sur un piquet de hussards autrichiens qui se trouvait dans la ville et le sabrèrent. Ces cavaliers ont fait preuve d'un grand élan ; ils ont eu plusieurs blessés et ont tué et blessé quelques hommes à l'ennemi.

» A neuf heures un quart, le 3ᵉ corps est arrivé à hauteur de Medole. En entrant dans ce village, j'ai appris que le 4ᵉ corps était engagé en avant de moi. L'aile droite de ce corps, commandée par le général de Luzy, avait dû soutenir des attaques très-sérieuses, et, menacée d'être tournée, elle demandait instamment à être appuyée.

» Le général commandant le 4ᵉ

corps m'adressait également plusieurs officiers pour me demander d'envoyer des renforts sur son centre, qui avait eu beaucoup à souffrir. A ce moment même je recevais de l'Empereur communication d'une lettre par laquelle on annonçait qu'un corps de 25 à 30,000 hommes était sorti de Mantoue par la porte Pradella dans la journée d'hier 23, et que ses avant-postes étaient au village d'Acqua Megra. Ces renseignements étaient du reste corroborés par le général de Luzy, qui annonçait avoir vu une colonne considérable passer de sa gauche vers sa droite, par les renseignements émanant de gens du pays, enfin par une indication consistant en une longue traînée de poussière se dirigeant du côté d'Azola vers Aqua Fredda.

» Pour faire face aux exigences de la situation, je m'empressai d'envoyer le général Renault, avec six bataillons, soutenir le général de Luzy sur la route de Ceresara. Le 41e prit position à 2 kilomètres de Medole, à cheval sur la Seriola Marchionole. Le 56e fut placé en retour, faisant face à Castelgoffredo, de manière à surveiller le mouvement tournant annoncé de la part de l'ennemi. Une section d'artillerie se mit en batterie sur la route, à hauteur des tirailleurs, et fit feu sur les colonnes autrichiennes qui se dirigeaient sur notre droite. Cette disposition permit à la division de Luzy d'appuyer à gauche, vers le centre du général Niel; et, vers une heure de l'après-midi, les attaques sur Robecco paraissant plus menaçantes, j'appelai la totalité de la division Renault, moins deux bataillons du 23e de ligne, que je laissai à la garde de Medole. La division fut alors établie sur la droite et la gauche de la Seriola, se reliant fortement à la droite du 4e corps, qu'elle suivit dans un mouvement prononcé que ce dernier dut faire vers la gauche.

» Une partie de la division Renault se trouva donc, par suite de ce mouvement, à hauteur de Rebecco, sur lequel durent se porter un bataillon du 56e, le 90e avec deux compagnies du 8e bataillon de chasseurs à pied et une section d'artillerie. Cette attaque fut dirigée de la manière la plus énergique par le colonel Guilhem, du 90e, et le commandant Schwartz, du 56e. Cette colonne arriva en ligne au moment où le 73e (division de Luzy), débordé sur sa droite, était menacé d'être tourné; une vigoureuse charge à la baïonnette du 56e, dirigée par le commandant Schwartz, eut un plein succès; et plus tard, vers les cinq heures, cette portion de la division Renault occupait le village de Rebecco.

» Le 3e corps avait, en raison des éventualités qui pouvaient se produire sur sa droite, disposé d'une partie déjà bien importante de ses forces, et cependant, de nouvelles demandes lui étaient adressées instamment afin d'appuyer le centre du 4e corps, sur lequel l'ennemi faisait, comme sur la droite, un effort désespéré. Supposant que la division Bourbaki, ainsi que la brigade Collineau, de la division Trochu, seraient suffisantes pour repousser le corps ennemi annoncé de Mantoue, j'envoyai le général Trochu avec la brigade Bataille, de sa division, au général Niel, pour être placé entre les divisions de Failly et Vinoy, du 4ᵉ corps.

» A quatre heures cette brigade entrait en ligne, les bataillons en colonne serrée et par division, dans l'ordre en échiquier que je leur prescrivis sur le terrain, l'aile gauche refusée et l'artillerie à portée d'agir efficacement. Ce renfort permettait au général Niel de prononcer un mouvement offensif qui a d'abord repoussé l'ennemi; mais celui-ci ayant opéré un retour, la brigade Bataille a été lancée de nouveau, et, conduite avec un admirable entrain par le général Trochu, a refoulé définitivement l'ennemi, qui n'a pas reparu.

» Dans cette marche rapide fournie jusqu'à la route de Ceresara, le 44ᵉ, formant l'aile droite, a été un instant débordé par l'ennemi; mais, sur l'ordre du général Bataille, dont je ne saurais trop louer le courage et le sang-froid, les deux derniers bataillons, vigoureusement conduits par le colonel Pierson et le colonel Coudanien, ont fait face à droite, marché rapidement sur la Tuilerie, et serré de si près l'ennemi, qu'ils lui ont fait des prisonniers et l'ont forcé à abandonner deux pièces qui ont été prises.

» Le 43ᵉ de ligne, dont un bataillon s'est trouvé un instant très-sérieusement engagé, a montré une grande solidité. J'ai le regret d'annoncer à l'Empereur que son chef, le colonel Broutta, a été mortellement blessé. Le 19ᵉ bataillon de chasseurs à pied s'est également distingué par son élan.

Pour soutenir le mouvement de la brigade Bataille, j'avais prescrit au général Courtois d'Hurbal de faire avancer son artillerie de réserve, qui était venue prendre position.

» J'avais envoyé le colonel Besson, mon chef d'état-major général, sur la route de Medole à Castelgoffredo, pour s'assurer si les reconnaissances du général Bourbaki avaient pu faire découvrir quelque chose des projets de l'ennemi au sujet du mouvement tournant annoncé. De forts détachements de uhlans, appuyés par de l'artillerie légère, avaient pu faire croire à la réalisation de cette attaque, à laquelle il était indispensable de parer; mais, comme il avait été constaté à plusieurs reprises qu'aucun corps d'infanterie ne paraissait derrière la cavalerie, je crus pouvoir laisser la brigade Collineau, de la division Trochu, seule pour couvrir Medole et faire entrer en ligne la division Bourbaki. A partir de ce moment, notre position était entièrement assurée.

» La part prise par le général Trochu au succès de la journée mérite d'être signalée tout spécialement et fait le plus grand honneur à cet officier général, qui se loue beaucoup de son aide-de-camp le capitaine Capitan, lequel a eu un cheval tué sous lui.

» Les pertes éprouvées par les troupes du 3ᵉ corps engagées dans la bataille du 24 juin, s'élèvent à 250 tués ou blessés, parmi lesquels 3 officiers tués et 12 blessés.

» De Votre Majesté, Sire, le très-fidèle sujet,

» *Maréchal* CANROBERT. »

Rapport du maréchal commandant en chef le 4ᵉ corps.

« Au quartier général de Volta, le 27 juin 1859.

A l'Empereur.

» Sire,

» Les troupes du 4ᵉ corps ont pris une large et glorieuse part à la bataille de Solferino. Je vais rendre à Votre Majesté un compte sommaire de cette rude journée.

» D'après l'ordre de marche du 24 juin, le quartier impérial devait se porter avec la garde de Montechiaro à Castiglione ; le 1ᵉʳ corps, d'Esenta à Solferino ; le 2ᵉ corps, de Castiglione à Cavriana ; le 3ᵉ corps, de Mezzane à Medole ; enfin le 4ᵉ corps, renforcé des deux divisions de cavalerie Partouneaux et Desvaux, de Carpenedolo à Guidizzolo. Le roi de Sardaigne devait occuper Pozzolengo.

» Le 4ᵉ corps s'est mis en route à trois heures du matin, les soldats ayant pris le café. Les trois divisions d'infanterie suivaient la route de Carpenedolo à Medole ; les batteries et le parc de réserve étaient intercalés entre les divisions Vinoy et de Failly ; la division de Luzy marchait en tête, éclairée par deux escadrons du 10ᵉ chasseurs, commandés par le général de Rochefort. La route traverse un pays couvert de riches cultures, d'arbres et de vignes ; elle est bordée par des fossés profonds et pleins d'eau. Les deux divisions de cavalerie marchaient sur la route de Castiglione à Goïto, qui traverse une plaine de 3 ou 4 kilomètres de largeur, où la cavalerie et l'artille-rie peuvent facilement manœuvrer. Cette route passe à Guidizzolo.

» A environ 2 kilomètres de Medole, les escadrons du général de Rochefort ayant rencontré des uhlans, les chargèrent avec impetuosité ; mais ils fu-rent bientôt arrêtés par des troupes d'infanterie qui occupaient le village en force, soutenues par de l'artillerie. Le général de Luzy prit immédiate-ment ses dispositions d'attaque ; il fit entourer le village des deux côtés de la route par plusieurs bataillons d'infanterie, sous les ordres des généraux Lenoble et Douay, et, dès qu'il fut en vue des premières maisons qu'occu-pait l'ennemi, il les fit canonner. Bien-tôt après, les mouvements de flanc étaient bien prononcés, il fit battre la charge et aborda lui-même le village avec une forte colonne d'infanterie. Cette attaque, exécutée avec une grande bravoure, fut couronnée d'un plein succès. A sept heures, Medole était en notre pouvoir, et l'ennemi se retirait, ayant essuyé de grandes pertes et laissant entre nos mains deux ca-nons et beaucoup de prisonniers.

» Au sortir de Medole, trois ba-taillons de la division de Luzy se portèrent sur la route de Ceresara, tandis que la brigade Douay mar-chait à la poursuite de l'ennemi vers Rebecco, village situé à une lieue de Medole, sur la route de Guidizzolo. Cette brigade rencontra bientôt des forces supérieures qui arrêtèrent sa marche.

» Aussitôt que la division Vinoy vint déboucher du village de Medole, je fis porter en avant, vers la route de la plaine, huit pièces appartenant à la division de Luzy; la division Vinoy alla soutenir cette artillerie, repoussant en même temps l'ennemi, qui occupait des petits fourrés dans la direction d'une maison isolée, nommée Casa-Nova, qui se trouve sur la droite de la grande route de Goïto, à 2 kilomètres de Guidizzolo. Des combats acharnés se sont livrés pendant toute la journée autour de cette maison.

» Dès que je pus sortir du pays couvert que traverse le chemin de Medole, j'aperçus dans la plaine de fortes colonnes autrichiennes d'infanterie et de cavalerie, qui faisaient face au corps du maréchal de Mac-Mahon, et qui menaçaient de m'envelopper dans le mouvement que je faisais sur leur flanc. La division Vinoy se forma en bataille dans une direction oblique qui me rapprochait du maréchal Mac-Mahon, et, sous cet appui, je fis déboucher de Medole l'artillerie de réserve, qui se mit en batterie, ayant derrière elle et à sa gauche les divisions de cavalerie. Pour avoir un appui à sa droite, le général Vinoy enleva à l'ennemi la ferme de Casanova; mais, occupant ainsi un front très-étendu pour mes forces, j'attendais avec impatience la division de Failly, qui, de son côté, doublait de vitesse pour venir prendre part au combat.

» L'ennemi tenta de tourner la gauche du général Vinoy dans l'espace que laissaient entre eux le 2ᵉ et le 4ᵉ corps. Une colonne d'infanterie, soutenue par une nombreuse cavalerie, s'approcha jusqu'à 200 mètres de la division Vinoy, mais elle fut arrêtée par la mitraille et les boulets des 42 pièces d'artillerie des divisions et de la réserve, qui prenaient successivement leur poste de combat, et qui bientôt furent toutes en batterie sous l'habile direction du général Soleille. L'ennemi déploya à son tour son artillerie. Dans cette lutte, qui dura une grande partie de la journée, notre artillerie eut toujours un avantage incontestable, et ses terribles effets sont marqués par les débris d'hommes et de chevaux qui jonchent le sol.

» A mesure que le corps du maréchal de Mac-Mahon s'avançait, la division Vinoy, pivotant sur la Casa-Nova, suivait le mouvement par l'aile gauche. Mais les forces ennemies, qui reculaient dans la plaine, portaient leurs efforts sur la Casa-Nova et sur les premières maisons de Rebecco, où se livraient des combats acharnés. Dès que la division de Failly put entrer en ligne, je donnai pour direction à sa tête de colonne le hameau de Bacte, situé entre Rebecco et la ferme de Casa-Nova. Le général de Failly s'y porta avec la brigade O'Farel, et je conservai sous ma main, comme réserve, la brigade Saurin.

» A partir de ce moment, mes troupes étaient disposées comme il suit, de la droite à la gauche : au village de Rebecco, la division de Luzy; à Bacte, la 1ʳᵉ brigade de la division de Failly; à gauche, se refusant dans la direction du maréchal de Mac-Mahon, la division Vinoy déployée, sept batteries d'artillerie et deux divisions de cavalerie.

» Le but que je poursuivais, et qui aurait donné de magnifiques résultats si j'avais pu l'atteindre, c'était que, lorsque Cavriana serait au pouvoir du 2ᵉ corps, le maréchal Canrobert, arrivé à Medole, voulût bien envoyer en avant une ou deux de ses divisions pour obcuper Rebecco. Alors, avec les deux divisions de Luzy et de Failly, j'allais m'emparer de Guiddizolo, et, maître de l'embranchement des routes, je coupais la retraite soit sur Goïto, soit sur Volta, aux masses ennemies qui occupaient la plaine. Malheureusement, le maréchal Canrobert, menacé sur sa droite, ne jugea prudent de me prêter son appui que vers la fin de la journée.

» L'ennemi, qui sentait tout le danger que lui faisait courir ma marche sur Guidizzolo, réunit tous ses efforts pour l'arrêter. Une lutte des plus vives se prolongea pendant plus de six heures autour de la ferme de Casa-Nova, au hameau de Baete et au village de Rebecco. Quand le combat avait lieu par des feux d'infanterie, l'ennemi ayant l'avantage du nombre, je per-

Marine. Officier, Matelot.

dais du terrain. Alors je formai une colonne d'attaque avec un des bataillons de ma réserve, et la baïonnette nous donnait plus que la fusillade ne nous avait fait perdre.

» Dans ces combats incessants, j'ai eu le regret de voir tomber de braves soldats et des chefs bien dignes de les commander. Le colonel Lacroix, du 30ᵉ de ligne; le colonel Capin, du 53ᵉ; le colonel Broutta, du 43ᵉ (division Trochu); les lieutenants-colonels de Neuchèze, du 8ᵉ de ligne; de Campagnon, du 2ᵉ de ligne; des Ondes, du 5ᵉ hussards. Les chefs de bafaillon Nicolas, Tiersonnier et Hébert, se sont fait tuer à la tête de leurs troupes. Le général Douay, qui s'est particulièrement distingué dans cette journée, et un grand nombre d'officiers supérieurs, ont reçu des blessures qui priveront momentanément

II.   5

l'Empereur de leurs services. A toutes ces pertes, j'en dois ajouter une qui m'est particulièrement sensible, celle du colonel du génie Jourjon, officier accompli, aussi remarquable par sa science que par ses qualités militaires.

» La cavalerie nous a été d'un puissant secours pour éloigner de la Casa-Nova l'infanterie ennemie, qui renouvelait sans cesse ses efforts pour nous enlever ce point d'appui important. Les deux divisions de Partouneaux et Desvaux ont, à plusieurs reprises, chargé l'infanterie autrichienne avec une grande bravoure.

» Vers trois heures, M. le maréchal Canrobert, étant venu sur le champ de bataille pour juger par lui-même ma position, envoya l'ordre à la division Renault, du 3e corps, qui observait la route de Medole à Ceresara, d'appuyer sur Rebecco, et il ordonna en même temps au général Trochu d'amener sa première brigade sur le lieu même où se trouvait ma réserve, entre Casa-Nova et Baete, car c'était toujours là que se portaient les plus grands efforts de l'ennemi.

» Voyant que j'allais être soutenu par des troupes fraîches, je formai immédiatement quatre bataillons de la division de Luzy en colonnes d'attaque ; j'y joignis deux bataillons de la division de Failly qui formaient en ce moment mon unique réserve, et le général de Luzy conduisit ces troupes dans la direction de Guidizzolo. La tête de la première colonne, formée par un bataillon du 30e de ligne, arriva jusqu'aux premières maisons du village ; mais, trouvant devant elle des

forces supérieures, elle dut se retirer. Nos soldats étaient, d'ailleurs, accablés par la fatigue ; ils marchaient et combattaient depuis douze heures sur un terrain complétement dépourvu d'eau, et, pendant cette lutte incessante, ils n'avaient pas eu le temps de manger.

» Cependant M. le maréchal Canrobert ayant bien voulu me promettre l'arrivée avant la nuit de la division Bourbaki, je voulus tenter un dernier effort sur Guidizzolo avec la brigade Bataille et la division Trochu, qui avait pris la place de ma réserve. Le général Trochu, ayant formé ses bataillons en colonnes serrées, les conduisit à l'ennemi en échiquier. l'aile droite en avant, avec autant d'ordre et de sang-froid que sur un champ de manœuvres. Il enleva à l'ennemi une compagnie d'infanterie et deux pièces de canon, et arriva jusqu'à demi-distance de la Casa-Nova à Guidizzolo. Un violent orage précédé de tourbillons de poussière, qui nous plongea dans l'obscurité, vint mettre fin à cette terrible lutte, et le 4e corps prit ses bivouacs sur un champ de bataille qu'il avait glorieusement conquis. Il a pris à l'ennemi un drapeau, enlevé par les soldats du 76e de ligne, et 7 pièces de canon. Il a fait environ 2,000 prisonniers ; et, sur un champ de bataille qui a près de deux lieues de long, la marche du 4e corps est jonchée des cadavres de l'ennemi. La lutte a été longue et opiniâtre, et il n'est pas un bataillon du corps d'armée qui n'y ait pris part.

» Je ne puis citer à Votre Majesté les nombreux actes de bravoure dont j'ai été témoin ou qui m'ont été rapportés, mais je dois lui dire que chacun a fait noblement son devoir, et qu'en voulant donner des témoignages de satisfaction, je suis tout naturellement conduit à parler à Votre Majesté de la conduite des généraux de division ; après eux, des généraux de brigade, et ensuite des chefs de corps, qui ont été en si grand nombre tués ou blessés.

» *Le maréchal commandant*
le 4ᵉ corps, Niel. »

Rapport de S. M. le Roi de Sardaigne.

« Le 24 juin, tandis que les troupes françaises sous les ordres de M. le maréchal Baraguey d'Hilliers marchaient sur Solferino, trois divisions de l'armée piémontaise s'avançaient dans la direction de Peschiera, Pozzolengo et Madonna della Scoperta. Elle étaient précédées par des détachements chargés d'éclairer leur marche et de reconnaître le terrain.

La 3ᵉ division (général Mollard) devait battre la plaine comprise entre le chemin de fer et le lac, et la 5ᵉ (général Cacchiari) marcher sur Pozzolengo, où devait aussi se rabattre la 1ʳᵉ division (général Durando) en passant par Castel Venzago et Madonna della Scoperta. Le détachement envoyé en reconnaissance par la 5ᵉ division, composé d'un bataillon d'infanterie, d'un bataillon de bersaglieri, d'un escadron de chevau-légers et de 2 pièces d'artillerie, sous les ordres du colonel Cadorna, laissa sur sa droite les hauteurs de San Martino,

qui n'étaient point encore occupées par l'ennemi, et continua à s'avancer par la route de Lugano vers Pozzolengo.

» Les avant-postes autrichiens, vigoureusement attaqués et refoulés vers sept heures du matin, furent bientôt soutenus par des forces imposantes devant lesquelles il fallut se replier.

» Le général Mollard, entendant la fusillade et le bruit du canon, conduisit la petite colonne qui éclairait la marche de sa division au secours du colonel Cadorna, et envoya deux compagnies de bersaglieri à la cascine Succale pour opérer une diversion.

La 3ᵉ et la 5ᵉ division reçurent l'ordre de hâter leur marche.

La colonne du colonel Cadorna se replia lentement et en bon ordre, soutenue par quatre pièces d'artillerie et par un bataillon d'infanterie placés à San Martino. Mais, sur la droite, l'ennemi gagnait déjà avec de fortes colonnes les hauteurs par Stefano et San-Donino, et s'avançait rapidement sur Cascina Contracania, menaçant de couper la ligne de retraite.

Il fallut abandonner San-Martino. Il était alors neuf heures du matin. La tête de la colonne de la 3ᵉ division commençait à déboucher par la chaussée du chemin de fer. Dans l'espoir de ne pas laisser à l'ennemi le temps de s'établir solidement sur les hauteurs, le général Mollard fit immédiatement marcher à l'assaut le premier régiment qu'il eut sous la main (7ᵉ d'infanterie), et le fit bientôt après soutenir par le 8ᵉ, avec ordre d'attaquer à la baïonnette sans faire un coup de feu. Soutenus par une batterie d'artillerie

et par quelques charges de chevau-
légers de Montferrat, deux fois ces braves régiments atteignirent avec un élan
admirable le sommet des hauteurs en
s'emparant de plusieurs pièces de canon, mais deux fois aussi ils durent
céder au nombre et abandonner leur
conquête. Le colonel Beretta et le
major Solaro avaient été tués; le général Ansaldi, les majors Borda et
Longoni, blessés; les pertes en officiers subalternes étaient également
nombreuses.

L'ennemi gagnait du terrain; il
s'avançait par la Cascina Selvetta vers
le chemin de fer pour nous couper
cette importante ligne de communication. Une charge brillante, exécutée
par un escadron de cavalerie, donna
le temps de réunir quelques troupes
sur le point menacé.

Ce fut alors, vers dix heures du
matin, que la division Cucchiari arriva
sur le champ de bataille par la route
de Rivoltella. Trois bataillons du
12e régiment furent mis immédiatement à la disposition du général
Mollard, afin de l'aider à reprendre
les cascines Canova, Arnia, Selvetta,
et Monata, et dégager ainsi les approches du chemin de fer. Sur la
gauche, le 4e bataillon du 12e et le
11e régiment d'infanterie furent
formés en colonnes d'attaque, à
cheval sur la route de Lugano. On
s'élança à l'assaut sous un feu meurtrier. L'église de San Martino el Roc-
colo, ainsi que toutes les cascines
sur la droite, y compris la Contracania, furent emportées avec une bravoure remarquable. On s'empara de
3 pièces d'artillerie; mais l'ennemi

parvint encore une fois à les dégager.
Dans cette attaque, un major avait été
tué; deux autres majors, ainsi qu'un
colonel, blessés : telles étaient les
pertes en officiers supérieurs.

Pendant ce temps, la deuxième
brigade de la cinquième division
(17e et 18e de ligne), avec son bataillon de bersaglieri, se formait en colonne d'attaque sur la gauche de la
route de Lugano, laissant le 18, en
réserve; deux bataillons du 17e et
deux compagnies de bersaglieri marchèrent sur l'église de San-Martino et
la cascine Contracania qui étaient re-
tombées au pouvoir de l'ennemi, et les
deux autres bataillons avec quelques
bersaglieri, pliant à gauche, se dirigèrent sur Cascina Corbi di Sotto e
Vestone. Le 18e s'avança pour soutenir le 11e engagé sur son front. On
regagna partout le terrain perdu, on
atteignit le point culminant des hauteurs, et les positions furent emportées
encore une fois.

Sur ces entrefaites, la brigade de
Pignerol (division Mollard) arrivait de
Disenzano et Rivoltella. Formée sur
deux lignes et dirigée avec son artillerie sur la cascine Contracania, elle
avait déjà commencé le feu, et elle
allait compléter le succès de la 5e division, lorsque celle-ci, écrasée par la
mitraille et placée en face d'un ennemi
qui recevait sans cesse de nouveaux
renforts, dut opérer sa retraite, qui
eut lieu en bon ordre sur la route de
Rivoltella. Le général Mollard crut
dès lors devoir suspendre l'attaque
commencée par la brigade Pignerol,
jusqu'à l'arrivée de nouvelles troupes.
L'attaque du San Martino ne pouvait

plus effectivement être renouvelée sans que l'on donnât auparavant quelques heures de repos aux soldats qui avaient combattu toute la matinée sous un soleil ardent, et sans qu'on les fît soutenir par des troupes fraîches.

La seconde division (général Fanti) avait été acheminée vers Solferino afin de concourir, le cas échéant, à l'attaque dirigée sur ce point par le maréchal Baraguey-d'Hilliers. Le Roi, voyant que la position avait été vaillamment emportée par les troupes françaises, et jugeant d'autre part combien il était essentiel de renforcer notre gauche, donna l'ordre à la seconde brigade de cette division de se porter immédiatement sur San Martino, et à la première de marcher sur Pozzolengo pour soutenir la division Durando, engagée depuis plusieurs heures dans un combat où elle avait déjà essuyé beaucoup de pertes. Lorsque Sa Majesté fut informée que la brigade Aoste (de la seconde division) approchait de San Martino, elle envoya l'ordre d'attaquer de nouveau cette position et de s'en emparer avant la nuit. La brigade Aoste arriva sous San Martino vers quatre heures de l'après-midi, et fut placée sous les ordres du général Mollard.

Elle prit position sur la gauche de la brigade Pignerol, en face de la cascine Contracania. L'artillerie avait l'ordre de n'ouvrir son feu qu'à très-petite portée de l'ennemi. On fit déposer les sacs aux soldats, et, vers cinq heures, on commença à marcher en avant.

Un bataillon et deux pièces d'artillerie devaient tâcher de tourner l'ennemi par sa gauche. La 5e division, qui s'était repliée sur la route de Rivoltella, était en marche pour rejoindre le champ de bataille. C'est alors qu'un ouragan terrible s'éleva du côté du lac, suivi d'une pluie torrentielle.

Les colonnes, bravant tous les obstacles, marchèrent résolûment à l'ennemi, qui, délivré de toute attaque sur sa droite, avait porté toute son artillerie sur le sommet des hauteurs, entre les cascines Contracania et Colombare, d'où il balayait avec un feu très-vif les approches de la position. La brigade Pignerol s'élança vers la cascine Contracania; obligée de conquérir pied à pied le terrain, elle éprouva des pertes sensibles. Parmi les officiers supérieurs, les deux colonels furent tués et un major blessé.

La brigade Aoste marcha sur les cascines Canova, Arnia et Monata, s'en empara successivement, attaqua ensuite la Contracania et l'église de San Martino, et tâcha de se maintenir dans ces différentes positions en combattant avec acharnement. Elle avait déjà son général, 2 colonels, 2 majors blessés, et 1 major tué. Afin de soutenir l'infanterie par un feu imposant d'artillerie, le chef d'état-major fit placer 18 pièces près de la Casa Monata, pour battre la cascine Contracania.

Tous les efforts se dirigèrent bientôt vers ce point. Attaqué de front par le 3e et le 6e d'infanterie qui s'avançaient de Casa Monata, sur la droite par la brigade Pignerol, et successivement par les 7e, 12, 17e et 18e, et par les bataillons de bersaglieri, l'ennemi commença à plier. Pour assurer un succès si chèrement acheté, l'ordre fut donné à toute l'artillerie disponible de se porter au galop sur le sommet.

Bientôt après, vingt-quatre pièces couronnaient les hauteurs et ouvraient leur feu. L'ennemi, qui était à peu de distance, menaçait de se jeter sur nos canons. Un escadron de cavalerie, avec deux charges des plus brillantes, mit le désordre dans ses rangs déjà éclaircis par la mitraille, et, poursuivi par l'infanterie, l'ennemi laissa entre nos mains les formidables positions défendues une journée entière avec tant d'acharnement.

Tandis que le combat s'engageait dès le matin sur l'extrême gauche, du côté opposé, sur les collines de Solferino, le 1ᵉʳ corps d'armée française était aux prises avec l'ennemi, et soutenait un combat très-vif.

Une reconnaissance composée de troupes de la 1ʳᵉ division (Durando), 3ᵉ bataillon de bersaglieri, un bataillon de grenadiers et une section d'artillerie de la 10ᵉ batterie, sous la conduite du chef d'état-major, colonel de Casanova, partie de Lonato à l'aube, arriva vers cinq heures et demie à la hauteur de la position Madonna della Scoperta, qu'elle trouva occupée par l'ennemi.

Celui-ci fut aussitôt attaqué par les troupes de la reconnaissance, suivies de près par la brigade des grenadiers. Ces corps soutinrent à eux seuls jusque vers midi les efforts de l'ennemi supérieur en nombre, puis furent obligés de se replier jusqu'à l'intersection des routes Cascina Rondotto. Là, renforcés par quatre bataillons de la brigade de Savoie, commandés par le colonel Rolland, elles reprirent vivement l'offensive et chargèrent l'ennemi à la baïonnette. Deux bataillons de grenadiers, envoyés dès le matin par Castelloro et Cadignolo, entraient à leur tour en ligne, tandis que la 11ᵉ batterie, se mettant en position, ouvrait son feu. Ces efforts combinés décidaient l'ennemi à abandonner les positions conquises dans la matinée.

» Le général de La Marmora avait été chargé par le Roi de prendre le commandement de la 1ʳᵉ et de la 2ᵉ division. L'ennemi, une fois repoussé à Madona della Scopetta, le général, suivant les ordres de Sa Majesté, dirigea une partie des troupes contre San-Martino, où la 3ᵉ et la 5ᵉ division continuaient à combattre. La 1ʳᵉ division (Durando) passa par San-Rocco, Cascina Taverna et Monte Fami; elle donna, chemin faisant, contre une colonne ennemie, composée du régiment Prohaska et d'autres troupes qui avaient combattu à San-Martino, et cherchaient vraisemblablement à tourner les forces qui attaquaient cette position. Cette colonne repoussée se replia à la hâte, mais il en résulta un retard dans le mouvement de la 1ʳᵉ division. L'heure était d'ailleurs avancée, et ces troupes avaient combattu toute la journée contre trois brigades ennemies. Les pertes de cette division furent : en officiers, 6 morts et 25 blessés; en troupes, 97 morts et 580 blessés.

» La brigade de Piémont de la 2ᵉ division (Fanti) avait coopéré également à l'attaque de Madona del Scoperta. L'ennemi repoussé, cette brigade fut dirigée par le général de la Marmora contre Pozzolengo. Arrivée à la hauteur de Cascina Rondotto, elle rencontra un corps ennemi fortement établi dans les cascines Torricelli, San Giovanni et Preda, et sur les hauteurs de Serino.

» L'ennemi, vivement attaqué dans ces positions par le 9e bataillon de bersaglieri (major Angelini), le 4e régiment de Piémont et une section de la 4e batterie sous le commandement du général Camerana, céda le terrain et fut poursuivi jusqu'au-delà du bourg de Pozzolengo.

» Cette même brigade de la 2e division (Fanti) ayant occupé San Giovanni, une batterie de 4 obusiers y prit position et ouvrit un feu très-vif qui prenait à revers les défenses de San-Martino. Cette attaque contribua puissamment à obliger l'ennemi à céder cette position disputée avec acharnement depuis le matin.

» La 2e division, outre les graves pertes subies par la brigade d'Aoste, qui avait été postée sur la gauche, compta encore dans cette journée 1 officier tué, 5 blessés, 16 hommes tués et 56 blessés. Les quatre divisions composant ce jour-là l'armée sarde furent toutes engagées, et leurs pertes totales s'élevèrent à 49 officiers tués, 167 blessés, 642 sous-officiers et soldats tués, 3,405 blessés, 1,258 hommes dispersés ; total, 5,525 manquant à l'appel. Plusieurs corps ont eu le quart de leur effectif hors de combat, et un bataillon de bersaglieri, sur 13 officiers, en eut 7 tués ou blessés ; 3 colonels de la même division ont succombé glorieusement.

» L'ennemi, à la fin de la journée, avait été chassé de toutes ses positions, et celle de Pozzolengo avait été occupée par nos troupes, 5 pièces de canon étaient restées dans nos mains comme trophée de cette sanglante victoire, où nos troupes avaient eu à lutter contre des forces bien supérieures. Celles-ci peuvent être portées, selon toute vraisemblance, à 12 brigades, car il a été fait des prisonniers appartenant à ces divers corps.

» L'armée autrichienne avait déployé toutes ses forces, s'élevant à près de 200,000 hommes. Reprenant l'offensive, elle avait repassé le Mincio et occupé les positions de Pozzolengo, Solferino, étendant sa gauche dans la plaine de Guidizzolo ; mais, le soir, sur tous les points de ce vaste champ de bataille, elle avait dû se replier et mettre entre elle et l'armée alliée victorieuse la barrière du Mincio et de ses forteresses.

» *Le chef de l'état-major,*

» L. G. DELLA ROCCA. »

CHAPITRE V.

Détails sur la bataille de Solferino.

On eût dit que le ciel voulait aussi se mêler à ce terrible vacarme, un affreux orage éclata dans l'après midi.

« Vers six heures , les Autrichiens nous ont un peu échappé, à la faveur de l'ouragan le plus effroyable qui se puisse voir. Il y avait beaucoup de poussière, ce qui nous était très commode pour suivre les mouvements de l'ennemi ; mais tout à coup l'horizon s'est obscurci derrière nous, et il nous est arrivé un nuage compact de poussière , poussée par un vent effroyable qui portait des cailloux gros comme des noisettes, qui nous faisaient un mal du diable ; on n'y voyait pas à trois pas. Il fallait se cramponner pour tenir à cheval ; les arbres volaient en morceaux. De part et d'autre ou dut cesser le combat.

» C'était une scène pleine d'émotion : au milieu des cadavres qui couvraient le sol, entourés d'un nuage épais et rouge, on voyait les chevaux effrayés se cramponner sur leurs pieds et coucher leurs oreilles. Le canon avait cessé ; on n'entendait que les hurlements de la tempête. Après, est venue une pluie torrentielle, poussée avec la même violence, Au bout d'une demi-heure, la nature s'est calmée, mais le tonnerre éclatait avec un bruit effroyable : on commençait à revoir clair. Aussitôt l'artillerie a joint son fracas à celui de la foudre. C'était bien beau ce spectacle des hommes et de la nature confondant leur colère! Heureusement le vent allait au nez des Autrichiens ; ils ont profité de ce coup de temps pour tourner les talons et courir au Mincio. Ils ont continué à soutenir notre attaque, seulement dans la partie montagneuse ; c'était pour couvrir la retraite du reste.

» … C'est au plus fort de la lutte de notre cavalerie qu'est arrivé l'ouragan, qui a permis à l'ennemi de filer. Il y a eu là une belle scène ; les Autrichiens ont fait venir à leur secours, sur ce point, trois batteries de fusées, qui se sont mis à envoyer sur notre cavalerie une pluie de ces saletés. Nous étions à environ 3,500 mètres, juste par le travers de cette artillerie d'un genre particulier ; l'Empereur a fait placer devant nous deux batteries de la garde, qui, de la hauteur, ont envoyé leurs boulets sur MM. les fuséens qui ne s'attendaient pas, à cette distance, à être atteints. Les batteries de ces messieurs étaient presque désorganisées quand est arrivé l'orage.

» Inutile de dire que l'Empereur était à son poste, mais, souvent il le dépassait, et il a trop exposé une vie précieuse à la France et au monde; au milieu de la mitraille il conservait son calme habituel.

» Tout le monde, généraux, officiers et soldats, a partagé les émotions et les sentiments qu'a inspirés l'attitude de l'Empereur à la bataille de Solferino. Depuis huit heures du matin jusqu'à sept heures du soir, Sa Majesté s'est exposée au feu de l'ennemi ; un boulet est passé à quelques mètres de sa tête.

» Le commandant Verly, des cent gardes, placé à quelques pas derrière l'Empereur, a reçu, en pleine cuirasse, une balle qui a fait ricochet et est allée s'aplatir sur la cuirasse du capitaine placé auprès de lui. Le cheval du capitaine Brady, officier d'ordonnance de Sa Majesté, a été blessé.

» A Solferino, comme à Magenta, cet admirable sang-froid, cet insouciance du péril, ont encore augmenté l'élan irrésistible de notre armée,

Chasseurs de la garde.

qu'aucun obstacle ne peut arrêter. En voyant l'Empereur s'exposer ainsi dans la glorieuse journée du 24, on se souvenait de ce qu'il avait été dans la bataille de Magenta, restant à cheval jusqu'à six heures du soir, et se portant au pont malgré toutes les prières, parce que c'était l'endroit le plus périlleux et le plus important à protéger. L'Empereur n'avait voulu se retirer

qu'à la nuit, afin de rester le dernier sur le champ de bataille.

» Quand le sort de la bataille a été décidé, l'empereur d'Autriche, suivi de son escorte, s'est éloigné par le village de Volta, au milieu du désordre et de l'encombrement produits par le mouvement de retraite d'une grande armée. Il paraît même que son escorte a eu beaucoup de peine à lui frayer un passage au milieu des fuyards. »

» Le baron Larrez était à côté de S. M., quand son cheval a eu la veine jugulaire percée par une balle ; c'est l'Empereur qui l'a prévenu de mettre pied à terre parce que le cheval, qui perdait beaucoup de sang, allait tomber. Le baron, avec beaucoup d'à-propos, a pris une longue épingle et a fait à son cheval une ligature comme celle que font les vétérinaires après la saignée ; il a été très félicité de son sang-froid... »

L'armée autrichienne avait une grande chance de réussite à Solferino : sa base d'opérations était cette formidable ligne du Mincio, la plus forte d'Italie, car c'est la plus courte, et elle se trouve appuyée des deux bouts par deux forteresses formidables. Le terrain offrait à l'empereur François-Joseph des positions excellentes : devant Peschiera, sur le bord méridional du lac, il y a, vers l'ouest et vers le midi, une ligne compacte de collines, excellentes pour y placer une armée, et même pour la faire marcher contre un ennemi occupant la partie inférieure.

Ce terrain, tout hérissé de mamelons naturels, touche vers le sud jusqu'à San-Cassiano, d'où s'étend une vaste plaine, la campagne de Médole, où l'armée, et notamment la cavalerie, peuvent manœuvrer à leur aise : c'est ici que l'Autriche faisait exécuter à ses troupes les grandes manœuvres d'automne. Du côté des collines, Solferino occupe une hauteur très-importante. La plus élevée des collines qui environnent ce village est placée de manière que, de son sommet, on peut voir toute l'Italie supérieure : c'est pour cela que cette colline a été surnommée *la spia d'Italia* (l'espion de l'Italie). De cette crête on voit Vérone, Mantoue, toute la plaine lombarde. Le lac de Garde paraît commencer à son pied ; il y a sur cette cime les ruines d'un ancien château qui appartenait à la famille Gonzague, laquelle avait le titre de duc de Solferino.

Le village de Solferino se prolonge comme un serpent entre de petites vallées fermées par des monticules qui les dominent en même temps qu'ils dominent toute la plaine voisine. Au milieu s'élève, à pic, un roc, sur la cime duquel on voit les restes de la tour que les gens du pays appellent *la Rocca*. La montée à cette tour est très-escarpée. Cette colline est environnée de toutes les autres qui lui forment une espèce de couronne. Il y en a une du côté du nord, où aussitôt arrivés, les Français ont placé des canons pour battre l'artillerie que les Autrichiens avaient portée sur le col de la Rocca. Il y en a une autre, dite *Costa-Mezzana*, au nord-est, où se trouve le cimetière de Solferino; au sud-est on rencontre le mont Saint-Pierre, et au sud-ouest le Mont'Alto, dont le pied est séparé de celui de la colline de la Rocca par la route de Castiglione. Ces lieux, si forts d'eux-mêmes, avaient été fortifiés par l'art. Près de la Rocca, on avait placé une batterie, précisément à l'endroit qu'on avait choisi pendant les manœuvres de l'automne dernier. Ces canons battaient en même temps les rues du village et les sommets environnants, notamment Mont'Alto.

Les Français, après avoir établi des batteries sur les hauteurs qui font vis-à-vis à cette position, sont montés à l'assaut. Il se sont lancés avec une telle ardeur à la charge, qu'avant neuf heures le mont Saint-Pierre était pris. La Costa-Mezzana, dont le cimetière avait été converti en fort avec des meurtrières, fut enlevée immédiatement après à la baïonnette; mais on croit que les soldats autrichiens qui la défendaient ont réussi à échapper en bonne partie par la route de Pozzolengo. L'endroit le plus disputé a été Mont'Alto. Favorisés par un feu bien nourri des artilleries de la Rocca, les Autrichiens l'ont défendu depuis dix heures jusqu'à midi et demi. On l'avait déjà pris deux fois, mais par des efforts immenses les Autrichiens l'avaient repris. A cette heure arriva l'Empereur avec la garde impériale; le Mont'Alto fut définitivement occupé et les Français sont restés maîtres aussi de la route de Solferino. Le premier zouaves entrait dans ce village à midi et demi. Alors on commença une véritable lutte corps à corps. La bravoure des Autrichiens était aiguillonnée par le commandement des chefs. Ils se sentaient forts et paraissaient décidés à une résistance des plus opiniâtres. Mais rien ne résiste à l'entrain des Français. Bientôt les Croates, qui, une heure auparavant, fusillaient les paysans qui ne les servaient pas avec assez de zèle, maintenant se jetaient à leurs pieds pour leur demander un abri, une cachette dans leurs caves. Pendant qu'on combattait ainsi vers le côté opposé dans le village, les Français montaient vers la Rocca sous une grêle de mitraille et de boulets, sous un feu incessant d'artillerie, sous une fusillade terrible; ils montaient jusqu'à la tour en jonchant la route de cadavres, s'emparaient des positions et des canons dont ils se servaient immédiatement pour chasser l'ennemi. Ce dernier, déjà en fuite, rencontra à l'entrée de Solferino les vainqueurs, et, pris ainsi entre deux feux, il se vit horriblement décimé; huit cents soldats se sont rendus.

Pendant quatre heures, les Autrichiens, chassés de village en village, de colline en colline, de hameau en hameau, ont été poursuivis la baïonnette dans les reins. A trois heures Cavriana était pris. Ici un capitaine des chasseurs français, ayant aperçu un régiment autrichien qui plaçait une batterie sur le sommet de la colline pour arrêter la marche triomphale de nos troupes et protéger la retraite, fit rapidement tourner la colline, et ordonna à sa compagnie de monter à l'assaut à la baïonnette. En un clin d'œil, les canons ont été pris.

Un autre correspondant écrit ce qui suit :

« A huit heures, la marche rapide et victorieuse des maréchaux Baraguey-d'Hilliers et de Mac-Mahon avait conduit leurs corps d'armée côte à côte jusqu'en face et au pied du dernier coteau, le plus élevé et le plus important, au sommet duquel s'élevait l'église du village et la grosse tour carrée de Solferino, clef de toute la position ennemie.

» Nos troupes s'élancent de nouveau par un dernier effort. Croyant emporter ce poste comme les précédents : elles sont repoussées par un feu diabolique d'artillerie et de mousqueterie partant de tous les ravins, de tous les retranchements qui hérissent le sommet de la montagne, et auquel se mêle le sifflement sinistre de centaines de fusées à longues queues blanches et à tube de fonte éclatant dans les airs.

» On rend à l'ennemi mousqueterie pour mousqueterie, canonnade pour canonnade, et des milliers d'obus et de boîtes à balles, qui répandent la mitraille sur sa tête, en échange de ses fusées meurtrières. Mais rien n'y fait. Nos soldats reculent pour la première fois. Avec étonnement on les voit redescendre précipitamment les pentes qu'ils ont gravies. Ils reviennent immédiatement à la charge, entraînés par les officiers et les plus intrépides d'entre eux ; ils sont encore repoussés. Cependant, quelques chasseurs à pied demeurent accrochés aux crêtes des ravins et couchés à plat ventre. Derrière cet abri, ils engagent une fusillade inégale contre des batteries ou des obstacles invisibles, dont personne ne peut se rendre compte de loin.

» Un troisième assaut, plus terrible, plus général que les deux précédents, amène une masse de troupes sur un plan incliné que l'on distingue parfaitement près du sommet, et qui semble monter tout droit en face de nous vers l'église et la tour. Les plus agiles chasseurs grimpent même sur un talus escarpé et boisé qui se dresse à droite de cette espèce d'esplanade en pente, et dont la pointe aiguë semble dominer un piton planté de grands cyprès.

A côté de la tour on entend sonner le clairon et les tambours battre la charge que les hommes accompagnent de hurrahs africains ; une colonne de zouaves, de chasseurs à pied, de soldats du 21e et du 61e se précipite de nouveau vers le point culminant du plan incliné, soutenue par une charge simultanée de chasseurs d'Afrique, qui lancent leurs chevaux au galop, dans la même direction, sur une route tracée à gauche de l'esplanade.

» Vains efforts ! en touchant le fatal sommet, la colonne se débande encore et redescend en désordre jusqu'à la moitié de la longueur de ce champ de carnage, où elle s'abrite au pied du talus boisé de droite, qu'un petit nombre de tirailleurs est parvenu à couronner.

» Il est temps d'expliquer la raison de cette résistance forcenée des Autrichiens dans leur position savamment choisie et si bravement défendue, qu'un instant on put douter de la victoire.

» La montagne de Solferino présente dans son ensemble une forme allongée, resserrée entre les deux plaines de l'est et de l'ouest, qui bordent ses pentes latérales excessivement marquées, formée par des talus de terre graveleuse, couverts de gazon et de petits chênes. La face antérieure qui regarde la dernière butte que nos troupes avaient emportée en venant de Castiglione est peut-être encore plus abrupte, mais une route, quoique assez mauvaise, facilite l'ascension de ce côté.

» A peu près aux deux tiers de la hauteur totale de la montagne, en montant par la route, on trouve à gauche une esplanade naturelle, large d'environ 60 mètres, plantée en vignes et maïs, et qui s'élève en pente plus douce vers le sommet du plateau supérieur. A droite de ce plan incliné se dresse un énorme talus presque à pic et tapissé de broussailles, qui forme la crête du coteau.

» Voilà ce que l'on voit du sommet de la colline antérieure; mais ce qu'on ne peut deviner, c'est que ce plan incliné en pente douce et le talus aigu de la droite, qui semblent conduire au pied de la tour de l'église et du piton des cyprès, en sont séparés par un profond ravin en forme d'entonnoir, au fond duquel se cachent les maisons du village. Arrivée au bord de cet entonnoir, la route contourne son côté oriental sur une étroite chaussée que supportent des murailles de soutènement, et qui, après un long circuit, aboutit à la porte crénelée d'un vieux château.

» Cette porte s'ouvre sur une immense cour intérieure au fond de laquelle s'élève l'église, avec son curieux dôme de style mauresque. La face orientale de la cour, du reste entourée de bâtiments, donne sur un précipice de près de 200 mètres de profondeur, bordé par un mur à hauteur d'appui qui permet de jouir de la vue magique du lac de Garde, de ses îles et de ses hautes montagnes.

» Derrière la cour, un étroit sentier conduit au pied même de la vieille tour carrée. Achevant ensuite de contourner l'entonnoir du village, il s'arrête au piton des cyprès où est le cimetière, lequel est séparé du plateau antérieur de la montagne par une large brèche, comme serait la cassure du bord d'un grand vase. En arrière du château, de l'église et du piton des cyprès, existe un dernier ravin très-profond qui se creuse entre Solferino et les derniers mamelons inférieurs de la chaîne de colline.

» Maintenant, si j'ai réussi à représenter à l'esprit du lecteur les principaux accidents de terrain de cette formidable position militaire, on comprendra l'insuccès des premiers efforts de nos colonnes qui venaient s'arrêter court au bord de l'entonnoir du village de Solferino, qui s'écrasaient en désordre à l'entrée de l'étroit défilé du chemin demi-circulaire, où elles étaient broyées par les batteries ennemies construites tout autour de ce ravin, au pied de la tour et sur le piton du cimetière. La surprise se joignait à l'extrême difficulté des lieux, pour assurer la victoire aux défenseurs du château.

» Un quatrième, un cinquième assaut sont livrés et repoussés comme les précédents, après de longues fusillades qui épuisent les cartouches de nos soldats. L'Empereur, étonné, alarmé d'une résistance aussi inattendue qu'opiniâtre, veut venir examiner les lieux en personne, et conduire les troupes au combat; il a une épaulette emportée par une balle, un de ses cent-gardes est tué à ses côtés; ses généraux l'entraînent en arrière. Les soldats électrisés par cet exemple et d'ailleurs à bout de munitions, font alors un effort suprême et désespéré, que seconde une puissante diversion sur le flanc droit et que favorise encore mieux une pièce de canon qu'à force de dévouement les artilleurs sont venus à bout de hisser au sommet du talus de droite qui domine l'entonnoir, le chemin et la porte du château. Tous les débris des corps qui avaient déjà donné se massent en colonne, sans ordre de compagnie ou d'uniforme ; zouaves, chasseurs, grenadiers, voltigeurs, fantassins de tous régiments, mêlés ensemble, se rangent en bataille sous le commandement des premiers officiers venus. Les voltigeurs de la garde, stationnés en arrière, à l'abri du grand talus, forment la réserve.

» Tout d'un coup, à midi et demi, les tambours, les clairons sonnent la charge ; toute cette masse furieuse se jette en avant à la baïonnette en poussant le cri de : *Vive l'Empereur!* mêlé à des hurras étourdissants. Cette fois rien ne peut plus arrêter le torrent : le chemin est balayé, les batteries sont emportées, la porte du château est enfoncée ; ses défenseurs sont massacrés ou traqués dans un coin ; sommés de se rendre, ils refusent ; on en tue encore une douzaine sous leurs yeux ; les autres déposent les armes. Pendant cette rapide exécution, la tour était enlevée, aussi bien que le piton du cimetière, et le village était saccagé à discrétion. Inutile de dire que ses habitants avaient fui depuis la veille.

» Vous dire l'effet produit par ce dernier assaut, quand on vit du coteau en face cette fourmilière de soldats grimper avec un élan irrésistible, et de toutes parts à la fois, sur les crêtes les plus inaccessibles de Solferino et

en éteindre subitement le feu, serait impossible. Ce ne fut, dans tous les corps témoins de ce fait d'armes et groupés autour de la montagne, qu'un immense cri d'enthousiasme.

» On venait enfin de triompher de cette forteresse redoutable de Solferino, où s'était arrêté pendant cinq heures l'élan d'une armée qui venait de conquérir au pas de course deux lieues de terrain rempli de difficultés. Désormais la victoire était assurée, complète et définitive. »

———

« Nous avons été cruellement décimés, notamment du côté des officiers supérieurs ; mais, que voulez-vous ! nous étions désireux de rivaliser avec les Français. Le corps des officiers sardes, appartenant en grande partie à l'aristocratie piémontaise, est doué d'un grand courage : il avait vu que les officiers français ne se ménagent guère sur le champ de bataille, et il en a fait autant. Nous avons vu des officiers supérieurs charger à la tête de leurs colonnes comme de simples soldats, tomber, se relever, pour retomber morts : il y a eu un moment où les Français et les Italiens, à Solferino, se battaient pêle-mêle avec la même ardeur, le même courage et le même succès.

» Si vous aviez parcouru, Monsieur, ce champ de bataille, la nuit du 24 au 25, vous auriez assisté à un spectacle imposant, navrant et glorieux à la fois. Dans les sentiers, dans les champs, sur les mamelons, autour des bourgades emportées, dans les maisons délabrées par la mitraille, dans les maisons enfoncées par les boulets, sous les arbres déracinés, ou sur les rives des ruisseaux et des torrents rougis par le sang, on voyait des monceaux de blessés, de mourants et de morts. Ces derniers disparaissaient vite par l'œuvre des fossoyeurs. Les autres étaient souriants, calmes, heureux ; ils avaient toujours sur leurs lèvres les cris de : « Vive » l'Empereur ! vive le Roi ! vive la » France ! vive l'Italie ! » Ceux qui avaient plus de force criaient que les Autrichiens les reverraient bientôt; les mourants écoutaient avec componction les paroles des aumôniers, regardaient le ciel serein, murmuraient une prière, et trépassaient dans l'espérance d'un meilleur avenir. Quelle différence entre ces nobles soldats de la plus sainte des causes, et les Autrichiens mourant sans patriotisme et pour ainsi dire *par ordre!* »

Maintenant ces lettres des militaires :

« Je ne peux pas vous dire le nom de la bataille, car il y a eu plusieurs villages de pris par le 2e voltigeurs et une partie des chasseurs de la garde ; nous avons pris Solferino : le restant de la division a pris les autres villages. Nous étions de réserve, comme ça se fait toujours.

» L'Empereur est arrivé de notre côté, entre dix et onze heures du matin, il a vu que la division de la ligne, qui se battait depuis quatre heures du matin, ne pouvait pas enlever la position. Il a dit alors : « Camou ! fai- » tes-moi enlever ça par mes volti-

» geurs ! » Aussitôt, il a fait battre la charge, et l'Empereur nous a dit : « Allons ! mes voltigeurs, culbutez- » moi tout ça à la baïonnette ! »

» Nous sommes partis au cri de : Vive l'Empereur ! et la ligne s'est mise à crier : Vive la garde ! Nous leur passons devant, et en moins de trois heures de combat ou de boucherie, nous avons culbuté au moins 30,000 hommes. Cette position a décidé la bataille.

» Je crois que cette fois, on ne viendra pas nous dire que nous sommes des soldats de parade, car les officiers de la ligne disent qu'ils n'ont jamais vu une troupe marcher comme les soldats de la garde. A quinze voltigeurs que nous étions ensemble , nous avons haché quarante artilleurs autrichiens et pris six pièces de canon. Depuis que je fais campagne, soit en Crimée, soit en Italie, je n'ai jamais autant tué que ce 24 juin 1859. Je me souviendrai longtemps de ce jour-là.

» Nous sommes restés huit voltigeurs sur les pièces. Un officier du régiment a pris nos noms ; mais comme il y a tant de récompenses à donner, je ne veux pas y penser. Des deux camarades que vous connaissez, il y en a un mort et l'autre est blessé. Notre régiment a perdu pas mal. »

Un soldat lyonnais écrit :

« Du champ de bataille de Solferino, 24 juin, minuit 1/2.

« Je vous écris du champ de bataille. Quelle bataille, grand Dieu !

» Je suis sain et sauf. — J'en ai été quitte pour une partie de mon pantalon, emportée par un éclat d'obus. — Je ne le regrette pas.

» Mon bataillon a pris à lui seul un drapeau et huit pièces de canon.

» Vous le voyez, nous avons tous gagné la croix de la Légion d'Honneur, puisque nous l'avons conquise pour le drapeau de notre régiment.

» Nous sommes maîtres de cinq mamelons à pic et de trois villages.

» Jamais bataille ne fut plus terrible ni victoire plus complète. Il y a autour de nous des morts entassés par milliers.

» Quel horrible spectacle va s'offrir à nous demain matin !

» C'est le revers de la médaille : « On ne fait pas d'omelette sans casser des œufs, » m'a répondu philosophiquement un vieux sergent-major chevronné, à qui je faisais part de mon émotion.

» Sans fanfaronnade, je me suis bien battu. Il n'y a que le premier coup de fusil et le premier Autrichien qui coûtent.

» Mon frère a été moins heureux que moi, il a été légèrement blessé.

» On l'a transporté à l'ambulance de Castiglione. Il est impossible de vous dire les soins dont on l'entoure.

» L'Empereur a été tout le temps avec nous.

» Il était superbe de sang-froid et d'impassibilité au milieu des balles qui pleuvaient autour de nous.

» La bataille est finie et gagnée. Cependant nous entendons une canonnade assez vive.

» On dit que c'est le corps d'armée de Victor-Emmanuel qui donne la chasse aux Autrichiens.

» Faites donc à mon intention un petit pèlerinage à Notre-Dame de Fourvières pour la remercier de m'en être tiré si heureusement. »

FIN DE LA DEUXIÈME SÉRIE.

IMPRIMERIE DE BEAU, A SAINT-GERMAIN-EN-LAYE.

www.ingramcontent.com/pod-product-compliance
Lightning Source LLC
Chambersburg PA
CBHW070912280326
41934CB00008B/1696